Schriftenreihe zur Praxis
der Leibeserziehung und des Sports
Band 33

Schriftenreihe zur Praxis
der Leibeserziehung und des Sports
Band 33

Dieter Kruber

Leichtathletik in der Halle

**Methodische Hilfen zur
leichtathletischen Bewegungsschulung
unter den Bedingungen der Halle**

Verlag Hofmann
Schorndorf

Die Deutsche Bibliothek — CIP-Einheitsaufnahme

Kruber, Dieter:
Leichtathletik in der Halle: methodische Hilfen zur leichtathletischen Bewegungsschulung unter den Bedingungen der Halle / Dieter Kruber. — 8., unveränd. Aufl. — Schorndorf: Hofmann, 1996
(Schriftenreihe zur Praxis der Leibeserziehung und des Sports; Bd. 33)
ISBN 3-7780-5338-8
NE: GT

Bestellnummer 5338

© *1970 by Verlag Karl Hofmann, Schorndorf*

8., unveränderte Auflage 1996

Alle Rechte vorbehalten. Ohne ausdrückliche Genehmigung des Verlags ist es nicht gestattet, die Schrift oder Teile daraus auf fototechnischem Wege zu vervielfältigen. Dieses Verbot — ausgenommen die in § 53, 54 URG genannten Sonderfälle — erstreckt sich auch auf die Vervielfältigung für Zwecke der Unterrichtsgestaltung. Als Vervielfältigung gelten alle Reproduktionsverfahren einschließlich der Fotokopie.

Zeichnungen: E. Rümmelein und A. Kruber
Fotos: D. Kruber

Erschienen als Band 33 der „Schriftenreihe zur Praxis der Leibeserziehung und des Sports"

Gesamtherstellung in der Hausdruckerei des Verlags
Printed in Germany · ISBN 3-7780-5338-8

Inhalt

VORWORTE 9

EINFÜHRUNG 11

LAUFSCHULUNG IN DER HALLE 13

I. Spielformen 13
   a) Kleine Spiele zur Entwicklung der Laufgeschwindigkeit . . . 13
   b) Kleine Spiele zur Entwicklung der Laufgewandtheit 15
   c) Kleine Spiele zur Entwicklung der Laufausdauer 17

II. Übungsformen 19
   A. Sprint 19
      a) Übungsformen zur Verbesserung von Trittgeschwindigkeit und Körpervorlage 19
      b) Übungsformen zur Verbesserung der Reaktionsfähigkeit . . . 21
      c) Übungsformen zum Erarbeiten und Verbessern des Tiefstarts . . 22
      d) Übungsformen zur Erarbeitung des fliegenden Wechsels . . . 24

   B. Langlauf 25
      a) Übungsformen zur Entwicklung der Laufausdauer 25
      b) Übungsformen zur Schulung des Tempogefühls 26
      c) Übungsformen zur Verbesserung des Wettkampfverhaltens . . 27

   C. Hürdenlauf 27
      a) Übungsformen zur Erarbeitung des Viererrhythmus 27
      b) Übungsformen zur Schulung der Hürdentechnik 29
      c) Übungsformen zur Verbesserung der Beweglichkeit des Hürdenläufers 32

   D. Hindernislauf 33
      a) Übungsformen zur Erarbeitung u. Verbesserung der Hindernistechnik 33
      b) Übungsformen zur Erarbeitung und Verbesserung der Wassergrabentechnik 33
      c) Übungsform zur Verbesserung von Antizipation und spezieller Ausdauer 34

III. Kraftschulung 35
   a) Übungen zur Kräftigung der Unterschenkelmuskulatur . . . 35
   b) Übungen zur Kräftigung der Oberschenkelmuskulatur . . . 36
   c) Übungen zur Kräftigung der Bauchmuskulatur 37
   d) Übungen zur Kräftigung der Rückenmuskulatur 38

SPRUNGSCHULUNG IN DER HALLE ... 39

I. Spielformen ... 39

a) Kleine Spiel- und Übungsformen zur Entwicklung der Sprungkraft — 39
b) Kleine Spiel- und Übungsformen zur Entwicklung der Sprunggeschicklichkeit ... 40
c) Kleine Spiel- und Übungsformen zur Entwicklung der Sprungausdauer ... 41

II. Übungsformen ... 42

A. Weitsprung ... 42
a) Übungsformen zur Anlauf- und Absprungschulung ... 42
b) Übungsformen zur Schulung des Fluges ... 43
c) Übungsformen zur Schulung der Landung ... 45

B. Dreisprung ... 46
a) Übungsformen zur Anlauf- und Absprungschulung ... 46
b) Übungsformen zum Erarbeiten und Festigen der Sprunggestalt ... 47
c) Übungsformen zur Verbesserung der Teilsprünge ... 47
d) Kontrollübungen zur Überprüfung des Leistungsstandes ... 48

C. Hochsprung ... 49
a) Übungsformen zur Anlauf- und Absprungschulung ... 49
b) Übungsformen zur Schulung der Flugphasen beim Wälzsprung und beim Fosbury-Flop ... 50
c) Möglichkeiten zu wettkampfnahem Hochspringen ... 53

D. Stabhochsprung ... 56
a) Übungen zum Vertrautwerden mit dem Stab ... 56
b) Übungsformen zum Erlernen des Abspringens und des Einrollens — 58
c) Übungsformen zum Überqueren der Latte ... 59
d) Umbau von Stachhochsprunganlagen zu Übungsanlagen ... 62

III. Kraftschulung ... 63

a) Übungen zur Verbesserung der Beinkraft ... 63
b) Übungen zur Verbesserung der Rumpfkraft (Bauch- und Rückenmuskeln) ... 64
c) Übungen zur Verbesserung der Arm- und Rumpfkraft (besonders für Stabhochspringer) ... 65

WURFSCHULUNG IN DER HALLE ... 69

Die geraden Würfe: Schlagballwurf, Speerwurf, Kugelstoß ... 69

I. Spielformen ... 69

a) Kleine Spiel- und Übungsformen zur Entwicklung der Wurfkraft — 69
b) Kleine Spiel- und Übungsformen zur Entwicklung der Wurfgeschicklichkeit ... 70

II. Übungsformen 71

A. Schlagball- und Speerwurf 71
   a) Übungsformen zur Schulung des Standwurfes 71
   b) Übungsformen zur Schulung des Impulsschrittes 72
   c) Übungsformen zur Verbesserung der Speerführung . . . 73
   d) Übungsformen zur Verbesserung des Abwurfs 74
   e) Übungsformen zur Steigerung der Beweglichkeit 77

B. Kugelstoß 77
   a) Übungsformen zur Verbesserung des Abstoßes 77
   b) Übungsformen zur Schulung des Angleitens 80
   c) Übungsformen zur Verbesserung der Gesamtbewegung der „Rückentechnik" 81

III. Kraftschulung 83
   a) Übungsformen zur Verbesserung der Armkraft 83
   b) Übungsformen zur Verbesserung der Rumpfkraft . . . 85
   c) Übungsformen zur Verbesserung der Beinkraft 86

Die Drehwürfe: Schleuderball- und Diskuswurf 89

I. Spielformen 89
   a) Kleine Spiel- und Übungsformen zur Entwicklung der Wurfkraft 89
   b) Kleine Spiel- und Übungsformen zur Entwicklung der Wurfgeschicklichkeit 90

II. Übungsformen 92

Diskus- und Schleuderballwurf 92
   a) Übungsformen zur Schulung des Abwurfes 92
   b) Übungsformen zur Erarbeitung und Verbesserung der Drehung . 94
   c) Übungsformen zur Verbesserung der Gesamtbewegung des Schleuderball- und Diskuswurfes 94

III. Kraftschulung 96
   a) Übungsformen zur Entwicklung der Arm- und Rumpfkraft . . 96
   b) Übungsformen zur Entwicklung der Beinkraft 99

SCHLUSSBEMERKUNGEN 101

LITERATUR 103

Vorwort

Die klimatischen Bedingungen unserer Breiten und die Aufgliederung des Schuljahres engen eine leichtathletische Grundausbildung, wie sie im Freien wünschenswert wäre, weitgehend ein. So kommen wir mit dieser Lehrhilfe einem häufig an die Redaktion gerichteten Wunsche nach, die in der Halle möglichen Ausbildungsformen in systematischer Ordnung darzustellen. Damit wird keinesfalls die Absicht verfolgt, die Leichtathletik in die Halle zu verlegen! Wohl aber scheint aus dem von DIETER KRUBER *angebotenen und methodisch bearbeiteten Übungsgut auf, wie es sehr oft nur einer Akzentuierung bedarf, um auch während des Winterhalbjahrs physische und technomotorische Grundlagen und Fertigkeiten zu entwickeln, die einer gründlichen Ausbildung in den leichtathletischen Disziplinen dienlich sind.*

KARL KOCH
Redaktion der Schriftenreihe
Hamburg 1969

Vorwort zur 2. Auflage

Nach der überraschend freundlichen Aufnahme, den die erste Auflage dieses Buches gefunden hat, legen wir nach knapp zwei Jahren die zweite vor. Sie ist im wesentlichen unverändert. Es wurden lediglich einige Zeichnungen hinzugefügt und andere verbessert, um so dem Leser eine noch deutlichere Vorstellung von den in der Halle möglichen leichtathletischen Bewegungsformen zu geben.

Möge auch die zweite Auflage dazu dienen, der Leichtathletik den ihr gebührenden Platz im Unterricht der Schule und beim Üben und Trainieren in den Vereinen zu verleihen.

Der Verfasser
Zweibrücken 1971

Vorwort zur 5. Auflage

Daß 9 Jahre nach erstmaligem Erscheinen der „Leichtathletik in der Halle" eine 5. Auflage erforderlich wurde, zeigt, daß der angesprochene Themenkreis bei Lehrern und Übungsleitern ein lebhaftes Echo gefunden hat. Nach mehreren, fast unveränderten Ausgaben haben wir die 5. Auflage nunmehr teilweise umgearbeitet und ergänzt, um sie unserem heutigen Wissensstand anzugleichen.

Neuere Erkenntnisse haben wir vor allem unseren umfangreichen empirischen Forschungen zur Entwicklung von Lehr- und Unterrichtsmaterialien zu verdanken. Im Verlaufe dieser Untersuchungen zeigte es sich, daß verschiedene, in den ersten Auflagen der „Leichtathletik in der Halle" aufgeführten Bewegungsformen, nicht immer die angestrebte Zielübung in optimaler Weise förderten. Wir haben sie deshalb herausgenommen und durch zweckmäßigere Übungen ersetzt.

Unterrichtspraktisch zeigte sich ferner, daß die in diesem Band vorherrschenden didaktischen Gesichtspunkte der abwechslungsreichen Unterrichtsorganisation und der freudvollen Beschäftigung dringend einer Ergänzung durch systematisches Üben anhand klar gegliederter Programme und methodischer Übungsreihen bedürfen.

Hinzukommt, daß die neuere Didaktik seit einigen Jahren in immer stärkerem Maße auch kognitive und soziale Lernaspekte im Unterricht hervorgehoben haben möchte.

Zur Realisierung dieser Anliegen gibt das vorliegende Buch auch in der 5. Auflage noch keine ausreichenden Anregungen. Hierzu bieten sich neben verschiedenen Fachbüchern vor allem die eigens zu Zwecken der sensomotorischen, kognitiven und sozialpädagogischen Intensivierung des Sportunterrichts entwickelten Arbeitskarten und Lehrprogramme an.

Einen Überblick über die derzeit auf dem Markt befindlichen Unterrichtsmaterialien, welche die Inhalte dieses Buches in wichtigen Teilen ergänzen, haben wir auf S. 103 f. gegeben.

Der Verfasser
Zweibrücken 1978

Vorwort zur 6. Auflage

In der 6. Auflage haben wir einige Abbildungen verbessert, das Übungsgut durch neue Bewegungsformen ergänzt und verschiedene Bildreihen zur sportlichen Grundausbildung in der Leichtathletik aufgenommen.

Das bewährte Gesamtkonzept des Buches wurde dabei nicht verändert.

Der Verfasser
Zweibrücken 1984

Einführung

Der Titel dieses Büchleins mag zunächst etwas befremden. — Was hat die Leichtathletik in der Halle zu tun, wird mancher fragen. Sie gehört doch hinaus auf die Aschenbahn, an die Sprunggruben und in die Stoßkreise! Das ist auch unsere Meinung!
Wenn man jedoch bedenkt, wie häufig schlechtes Wetter ein Üben auf dem Sportplatz verhindert, und wie oft gut eingerichtete Freiluftanlagen fehlen, so wird man einsehen, wie bedeutsam unser Thema bereits für die obligatorische Leibeserziehung in der Schule ist.
Noch wichtiger ist es für einen akzentuierten Unterricht in den Neigungsgruppen und das Trainieren der Leichtathleten in den Vereinen.
Hier geht es um die bestmögliche Leistungssteigerung, die heute nur noch bei einer ganzjährigen Beschäftigung mit den leichtathletischen Bewegungsformen gewährleistet ist. — Ein Üben in überdachten Räumen wird in der kalten Jahreszeit unumgänglich.
Die Durchführung leichtathletischer Übungen stößt jedoch in der Halle auf beträchtliche Schwierigkeiten: Die im Freien vorhandenen Anlagen und Geräte stehen meist nicht zur Verfügung und die Räume, in denen der Unterricht stattfinden soll, sind oft recht klein. — Daher sind die meisten Bewegungen der Leichtathletik hier nur in abgewandelten, leider vielfach unbekannten, Formen möglich.
Manche Leibeserzieher verzichten aus diesen Gründen in der Halle ganz auf leichtathletische Themen oder beschränken sich auf eine Verbesserung der allgemeinen Kondition.
Aufgabe dieses Büchleins ist es darum, den Lehrkräften in Schule und Verein Möglichkeiten zur Erarbeitung und Festigung leichtathletischer Disziplinen in einer normal ausgestatteten Turnhalle aufzuzeigen.
Die dargestellten Bewegungsformen können das Üben und Trainieren im Freien zwar nie ersetzen, doch wendet man sie nutzbringend an, wenn widrige Umstände einen Aufenthalt an den Anlagen der Sportplätze verhindern.
Unseren folgenden Ausführungen liegt eine Halle von etwa 24 m × 12 m zugrunde. Sie ist mit Großgeräten, Recks, Ringen, Barren, Pferden, Kästen, Matten (auch Schaumgummimatten), Kletterstangen, Sprossenwänden und Tauen ausgestattet.
Möge das Büchlein Lehrern und Übungsleitern eine Hilfe für eine rechte Förderung der Leichtathletik sein.

Laufschulung in der Halle

I. SPIELFORMEN

a) Kleine Spiele zur Entwicklung der Laufschnelligkeit

1. Nachlaufspiele:

    Schwarzer Mann — Hase im Kohl — Katze und Maus — Urbär — Fuchs aus dem Loch — Fangen mit und ohne Erlösen — Fangen mit Freimalen — Schleifenrauben — Diebschlagen — Drittenabschlagen — Komm mit, lauf weg — Schwarz und weiß aus dem Sitzen, dem Liegen, dem Kauern — Räuber und Gendarm *(Abb. 1):* Bei diesem Spiel erhalten die gefangenen „Räuber" im „Gefängnis" Sonderaufgaben. Sie müssen Liegestütze machen, aus der tiefen Hocke springen, Klappmesser durchführen u. ä. Alle übrigen Spiele sind so bekannt, daß sie hier nicht näher beschrieben werden müssen[1].

Abb. 1

2. Umkehr- und Pendelstaffeln:

    Umkehr- und Pendelstaffeln eignen sich wie die Fangspiele ausgezeichnet

---

[1]) Beschreibungen des Großteils dieser Spiele finden sich in Geissler, A., Freudvolle Spiele, Frankfurt/M. 1956, Marr-Köhler, Mädelspiele, Bad Godesberg 1960.

Abb. 2 a

zur Entwicklung der Schnelligkeit. Die *Abbildungen 2a* und *2b* zeigen die Grundschemata dieser beiden Wettkampfformen. Sie können durch eine Vielzahl verschiedener Laufaufträge variiert werden.

In kleinen Hallen sollte man der Umkehr- oder der Umlaufstaffel den Vorzug geben, in großen besitzt auch die Pendelstaffel einen hohen Übungswert[2].

Abb. 2 b

---

[2]) Bei den Umlaufstaffeln werden evtl. vorhandene Hindernisse auf dem Rückweg nicht, wie bei der Umkehrstaffel, nochmals übersprungen, sondern umlaufen.

3. Nummernwettläufe:
   Die *Abbildung 3* zeigt eine Möglichkeit der Organisation von Nummernwettläufen.
   Alle Schüler haben eine Nummer von eins bis fünf. Die Kinder mit den aufgerufenen Nummern laufen um ihren Kreis herum, und kehren dann so schnell wie möglich an ihre Plätze zurück. Selbstverständlich ist bei diesem Spiel auch eine Aufstellung in Reihen zu mehreren Gliedern möglich!
   Wer hat nach mehreren Durchgängen die geringste Platzziffer?

Abb. 3

4. Startball:
   Abbildung 4 zeigt die Aufstellung der beiden Mannschaften zu diesem Spiel. Gruppe A rettet sich auf Pfiff des Lehrers zur gegenüberliegenden Wand. Gruppe B eilt zur gleichen Zeit zu den Bällen, die etwa fünfzehn Meter von ihr entfernt auf dem Boden liegen und versucht, die Gegner vor ihrem Ziel abzuwerfen. — Noch spannender wird dieses Spiel, wenn weniger Bälle als Werfer vorhanden sind.

b) Kleine Spiele zur Entwicklung der Laufgewandtheit

1. Nachahmungsübungen:
   Wir laufen wie ein Elefant, ein Hirsch, ein Pferd. — Wir „fahren" Motorrad, Eisenbahn u. a.

2. Figurenlaufen:
   Wir laufen Ziffern, Buchstaben, Wörter u. a. Diese Aufträge können ebensogut einzelnen Schülern wie ganzen Gruppen erteilt werden.

Abb. 4

3. Laufformen mit Kleingeräten:
a) mit Seilen:
   Laufen mit einem oder mehreren Zwischenschritten, Galoppieren, Pferdchenspiele u. a.;
b) mit Reifen:
   Reifentreiben, Umlaufen und Durchkriechen des rollenden Reifens u. a.;
c) mit Stäben:
   Laufen und balancieren, laufen und werfen, überlaufen der hochgehaltenen oder hochgelegten Stäbe u. a.

4. Hindernisstaffeln:
   Hindernisstaffeln können als Pendel- und Umkehr- bzw. Umlaufstaffeln durchgeführt werden.
   Als Hindernisse eignen sich Kastenteile, niedere Kästen, Medizinbälle, Zauberschnüre, hochgehaltene Gymnastikstäbe, Übungshürden u. a. m.

Die Geräte sollen so aufgebaut werden, daß die Schüler zu einer ständigen Richtungsänderung gezwungen sind (Slalomkurs) *(Abb. 5).*

5. Laufen nach Klatsch- oder Klopfrhythmen.

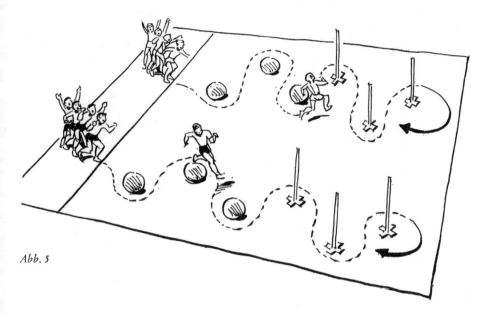

Abb. 5

c) *Kleine Spiele zur Entwicklung der Laufausdauer*

1. Nachlaufspiele:
   Viele Spiele, die zur Entwicklung der Schnelligkeit genannt wurden, eignen sich auch zur Verbesserung der Ausdauer. Von den unter I a genannten Spielen können insbesondere die Fangspiele ohne Freimale gewählt werden.

2. Nummernwettläufe und Umkehrstaffeln:
   Bei den Nummernwettläufen und Umkehrstaffeln lassen sich die Laufwege durch Einbauen von Zwischenmarken leicht um ein Vielfaches der Hallengröße verlängern. Sie eignen sich dann durchaus zur Verbesserung der Ausdauer.

3. Sechstagerennen:
   Die Schüler stellen sich sternförmig auf *(Abb. 3).* Nach Kommando laufen die „Einser" ein- bis zweimal um den Kreis herum, schlagen, bevor sie auf ihre Plätze zurückkehren, die „Zweier" an, diese, nachdem sie gelaufen sind, die „Dreier" usw. Die letzten Läufer jeder Mannschaft schicken wieder die ersten auf die Reise. Das ganze wiederholt sich sechsmal. Auf diese Weise entsteht eine Art spielerischen Intervalltrainings.

4. Langlaufstaffeln:

Neben den Umkehr- können natürlich auch die Rundenstaffeln zur spielerischen Verbesserung der Laufausdauer herangezogen werden. *Abbildung 6* zeigt hierzu eine Möglichkeit: Alle Läufer haben, je nach Alter der Schüler, drei bis zehn Runden zurückzulegen. Der Laufweg ist durch fünf Male gekennzeichnet. Biegt der übergebende Läufer in die letzte Runde ein, so darf sich der übernehmende der betreffenden Staffel an die Ablauflinie stellen. Alle übrigen Wettkämpfer befinden sich außerhalb der Laufbahn in einem besonders markierten Raum.

Abb. 6

II. ÜBUNGSFORMEN

A. Sprint

a) Übungsformen zur Verbesserung von Trittgeschwindigkeit und Körpervorlage

1. Trittgeschwindigkeitsübungen gegen Widerstände *(Abb. 7)*.

Abb. 7 a

Abb. 7 b

Abb. 7 c

Abb. 7 d

2. Durchlaufen schwingender Seile *(Abb. 8)*:
   Je zwei Schüler schlagen ein Schwungseil auf die ankommenden Läufer zu. Diese versuchen, mit blitzschnellem Antritt, unter dem Seil hindurch-

zulaufen, ohne es zu berühren. Die Formen *8 a* und *8 b* eignen sich besonders für jüngere Schüler.

Abb. 8 a

Abb. 8 b

3. Trittgeschwindigkeitsübungen (Skippings) und Laufhopser (schnelle Hopserläufe mit ausgeprägter Körpervorlage) mit wechselndem kleinen und großen Raumgewinn an den Hallenlängsseiten oder in den Diagonalen.

4. Herablaufen von einer schiefen Ebene. Zwei Langbänke und ein Reutherbrett werden hierzu mit Matten abgedeckt und dicht nebeneinander an dem zweiten oder dritten Holm einer Sprossenwand eingehängt (vergleiche *Abb. 11*).
5. Laufen mit betontem Wechsel von Körpervor- und -rücklage in den Diagonalen der Halle.

b) Übungsformen zur Verbesserung der Reaktionsfähigkeit

1. Reaktionsübungen aus dem Traben in den Diagonalen *(Abb. 9)*:

    Auf Pfiff oder auf Klatschen können folgende Übungen durchgeführt werden: Wegsprinten — in die Hocke fallen — drehen — rumpfbeugen vorwärts — u. a.

Abb. 9

2. Reaktionsübungen aus der Ruhelage von den Stirnseiten der Halle aus *(Abb. 10)*:

    Fallstart — Hochstart aus der Schrittstellung — wegsprinten aus der Schritthocke, aus der Rückenlage, aus der Bauchlage u. a.

Abb. 10

c) *Übungsformen zum Erarbeiten und Verbessern des Tiefstarts*

1. Weglaufen von einer schiefen Ebene *(Abb. 11):*

    Hier kauern sich die Schüler in die tiefe Hocke und sprinten auf Klatschen weg.

    Die Übung kann auch aus einer Rolle vorwärts heraus durchgeführt werden.

Abb. 11

Die Ebene kann durch zwei nebeneinander an einer Sprossenwand eingehakte Langbänke oder durch ein Kastenoberteil, das in ein Kastenmittelstück eingehängt wird, gebildet werden. Beide Male wird der Zwischenraum zwischen Ebene und Boden mit Reutherbrettern und Matten überbrückt.

2. Wegsprinten aus dem „eingesprungenen" Tiefstart *(Abb. 11):*

Aus dem Traben springen die Schüler eine halbe Drehung auf den Fuß der schiefen Ebene oder den Boden und sprinten weg, sobald sie flüchtig in der Hocke kauerten.

3. Tiefstart von Hallenblöcken *(Abb. 12):*

Falls keine rutschsicheren Vollgummiblöcke vorhanden sind, kann man sich wie folgt helfen:

a) Man schraubt die Holzklötze von den im Sommer üblichen Startblöcken ab und beklebt sie auf der Unterseite mit einer gut haftenden Gummischicht *(Abb. 12 a).*

Abb. 12 a   *Abb. 12 b*

b) Man verstrebt Startblöcke auf die in *Abb. 12 b* gezeigte Weise. An die Wand gestellt, können sie weder wegrutschen noch zur Seite kippen.

c) Man schraubt einen Startblock auf ein etwa 2—3 cm starkes und etwa 70 cm langes und genauso breites Brett. Damit dieses eine glatte Bodenfläche erhält, müssen die Schraubenköpfe, bzw. die Muttern auf der Unterseite in das Brett eingelassen werden *(Abb. 12 c).*

 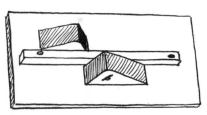

Abb. 12 c   *Abb. 12 c*

4. Zur Erhaltung der Körpervorlage nach dem Start dienen die in *Abb. 7* gezeigten Übungsformen.
   Gerade hier ist aber das Laufgefühl von außerordentlich großer Bedeutung. Dieses aber, kann nur im Freien zufriedenstellend erworben werden (Waldläufe, Windsprints usw.).

d) Übungsformen zur Erarbeitung des fliegenden Wechsels

1. Üben des rechtzeitigen Weglaufens:
   Die Schüler ordnen sich in Reihen zu sechs bis acht Personen. Die erste Reihe steht einige Meter vor der Hallenmitte auf einer dort eingezeichneten Linie. In zwei Meter Entfernung ist dahinter eine Ablaufstelle gekennzeichnet. Die Schüler sprinten weg, wenn die Fänger der zweiten Reihe diese Markierung überlaufen.
   Wer erreicht die Wand, ohne abgeschlagen zu werden?
   Entsprechend üben die dritte und vierte, die fünfte und sechste Reihe.
2. Üben der Holzübergabe:
   Diese Übungsform entspricht organisatorisch der ersten. Anstelle des Abschlagens wird jetzt jedoch ein Staffelholz übergeben.

Abb. 13

3. **Einführung eines Wechselraums** *(Abb. 13):*
   Wieder bleibt die unter 1. beschriebene Organisationsform die gleiche. Der Lehrer zeichnet nun aber einen etwa 10 m großen Wechselraum ein.

4. **Üben der Wechseltechnik in Wettkampfsituationen** *(Abb. 14):*
   In größeren Hallen (ab 25 m Länge) kann man auch Rundenstaffelwettkämpfe durchführen. *Abbildung 14* zeigt hierzu eine Möglichkeit.

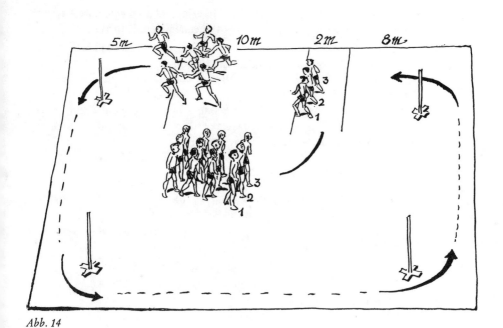

Abb. 14

B. Langlauf

a) Übungsformen zur Entwicklung der Laufausdauer

1. **Dauerlauf:**
   Die Schüler laufen 3, 5, 7 Minuten in flottem Tempo kreuz und quer durch die Halle.

2. **Mehrrundenläufe:**
Die Jungen oder Mädels laufen 5, 7, 10 Runden in flottem Tempo. Hierbei ist es sinnvoll, wenn man in Gruppen zu etwa fünf Schülern üben läßt, die nach Leistungsvermögen zusammengestellt sind. Eine Gruppe läuft, die anderen pausieren oder werden durch weniger leistungsintensive Bewegungsformen beschäftigt.

Bei diesen Mehrrundenläufen empfiehlt es sich, hin und wieder die Laufrichtung zu wechseln, da sonst Fuß- und Hüftgelenke zu einseitig belastet werden.

3. **Kreistraining / Circuittraining:**
Hollmann u. a. erzielten bei 9- bis 11jährigen Mädels eine gute Verbesserung der allgemeinen Ausdauer mit folgenden Übungsaufträgen:

1. Station: Würfe mit Gymnastikbällen in einen Basketballkorb (20 sec),
2. Station: Überklettern von Kästen (20 sec),
3. Station: Heben eines Basketballes mit gestreckten Beinen im Schwebesitz (20 sec),
4. Station: Schwungwürfe mit einem Medizinball gegen die Wand (20 sec),
5. Station: Überspringen und Durchkriechen zweier umgedrehter Bänke, die 5 m auseinanderstehen (20 sec),
6. Station: Balancieren über eine umgedrehte Bank (20 sec),
7. Station: Seilspringen am Ort (20 sec).

Zwischen den Stationen könnten Pausen bis zu 30 sec gemacht werden. Die Mädchen sollten die Übungsfolge 3mal durchlaufen.

Bei älteren und leistungsfähigeren Jungen und Mädels kann folgender Zirkel empfohlen werden:

1. Station: Überspringen einer Hürdenreihe (20 sec),
2. Station: Stoßen eines Medizinballes an die Wand (20 sec),
3. Station: Liegestützen (20 sec),
4. Station: Klappmesserübungen (20 sec),
5. Station: Bauchschaukeln (20 sec),
6. Station: Sprünge aus der tiefen Hocke (20 sec).

Pausen zwischen den einzelnen Stationen 30—40 sec.
Als Organisationshilfen eignen sich für das Circuittraining, die von uns entwickelten Arbeitskarten zur Bewegungs- und Konditionsschulung.

b) Übungsformen zur Schulung des Tempogefühls

1. Die Schüler erhalten den Auftrag 1, 2, 3 oder 5 Minuten zu laufen und aufzuhören, wenn sie meinen, daß die Zeit um ist.
2. Mehrere Gruppen sollen zwei Runden in 1 Minute (später in 50, dann in 40 oder in 30 Sekunden) zurücklegen. Zwei Gruppen zu etwa fünf Schülern üben gleichzeitig. Die Gruppe, die vor dem Erreichen der Zeit-

grenze ihre Runden zurückgelegt hat, trabt auf der Stelle weiter, bis der Abpfiff ertönt. Sogleich beginnt dann die Übung von vorne *(Abb. 15)*.

Abb. 15

c) *Übungsformen zur Verbesserung des Wettkampfverhaltens*

1. Gruppenwettkampf:
   Mehrere etwa leistungsgleiche Gruppen führen einen Langlaufwettkampf über 5, 7 oder 10 Runden durch.
2. Langlaufstaffeln über 2, 4, 6 Runden *(Abb. 6)*.

C. Hürdenlauf

a) *Übungsformen zur Erarbeitung des Viererrhythmus*[3]

1. Laufen nach Klatschrhythmen.
2. Überspringen bzw. Überlaufen von Hindernissen, die den Übenden den Viererrhythmus aufnötigen. Matten, Kastenteile, Langbänke, umge-

---

[3] Beim Hürdenlauf handelt es sich eindeutig um einen Vierer- und nicht um einen Dreierrhythmus, wie vielfach in der Fachliteratur angegeben wird.

Abb. 16

kippte Hürden, Übungshürden eignen sich als Hindernisse *(Abb. 16)*. Auch Zauberschnüre können gewählt werden. Mit ihrer Hilfe läßt sich besonders gut individualisieren. So laufen in *Abbildung 17* die kleinen Schüler dort, wo die Abstände der Schnüre eng, die größeren und schnelleren, wo sie weit sind.

Abb. 17

Falls keine Zeit zum Aufbauen von Gerätebahnen ist, genügen auch kniende Schüler als Hindernisse. Die richtigen Abstände findet man, indem man zwischen den Schülern einen Abstand von fünf bis sechs Gehschritten läßt.

b) *Übungsformen zur Schulung der Hürdentechnik*

1. Übungsformen zur Erarbeitung der Schleuderbewegung des Schwungbeines:

   Überlaufen von umgekippten Wettkampfhürden *(Abb. 18 a)*. — Werden Kinderhürden verwendet, so empfiehlt es sich, etwa einen Meter davor eine Abdruck-Marke einzuzeichnen.

Abb. 18 a

Abb. 18 b

Üben des Schwungbeineinsatzes an der hohen Hürde oder der Kombination Kastenteil — Medizinball: Die Schüler laufen seitlich an den Geräten vorbei, führen jedoch dabei das Schwungbein durch eine Schleuderbewegung über die Hürde.

Ausschleuderübungen im Springen auf der Stelle *(Abb. 18 b):* Die Schüler springen einbeinig auf der Stelle und „kicken" bzw. schleudern das Spielbein kräftig vor-hoch. Sie üben am besten in Fünfer- oder Zehnerserien.

2. Übungsformen zur Erarbeitung und Verbesserung der Bewegungsführung des Nachziehbeines:

   Überlaufen der Kombination Langbank — Medizinball *(Abb. 19 a)*. Anstelle der Langbank kann auch ein hochkantgestelltes Kastenteil verwendet werden.

Üben der Nachziehbewegung mit Partnerhilfe *(Abb. 19 b)*: Die Schüler stellen sich ein bis zwei Fuß hinter die Hürde und führen das Nachziehbein in rhythmischen Folgen über das Gerät. Der Partner hat die beiden Hände des Übenden gefaßt und verhindert so, daß sich der Übende umdreht oder das Gleichgewicht verliert.

Abb. 19 b

Abb. 19 a

Üben der Nachziehbewegung an der hohen Hürde *(Abb. 19 c)*: Die Schüler laufen seitlich an dem Hindernis vorbei, führen aber das Nachziehbein schnell darüber hinweg.

Abb. 19 c

Nachziehübung aus dem Traben: Wieder wird im Viererrhythmus geübt. Die Schüler traben in der Halle umher und führen, jeweils nach 3 Laufschritten, die Nachziehbewegung durch.

3. Überlaufen der ersten Hürde aus dem Tiefstart *(Abb. 20)*:

Diese Übungsform ist für den fortgeschrittenen Hürdenläufer von außerordentlich großer Wichtigkeit, denn vom richtigen Überlaufen der ersten Hürde hängt das Gelingen des Wettkampfes weitgehend ab.

In den meisten Hallen ist das wettkampfgerechte Üben dieses schwierigen Laufabschnittes ohne weiteres möglich.

Abb. 20

Folgende Anlaufwege und Hürdenhöhen sind zur Zeit gültig:

Altersklassen		Abstände von der Startlinie zur ersten Hürde	Hürdenhöhen
Schüler/innen B	(11/12 Jahre)	11,50 m	76 cm
Schüler/innen A	(13/14 Jahre)	12,00 m	76 cm
weibl. Jugend B—A	(15/16 Jahre)	13,00 m	76 cm
männl. Jugend B	(15/16 Jahre)	13,50 m	91 cm
männl. Jugend A	(17/18 Jahre)	13,72 m	100 cm
Frauen / weibl. J. A	(ab 17 Jahre)	13,00 m	84 cm
Männer	(ab 19 Jahre)	13,72 m	106 cm

4. Überlaufen mehrerer Hürden:

Das Überlaufen mehrerer Hürden ist sowohl als Übungs- wie als Wettkampfform möglich und zur Verbesserung der Technik und des Wettkampfverhaltens unentbehrlich. In der Halle müssen aber meist andere Abstände der Hindernisse gewählt werden als im Freien.

Vorschläge zur Raumaufteilung in einer etwa 24 m langen Halle:

Altersklassen	Anzahl der Hürden	Abstände von der Startlinie zur ersten Hürde	Hürdenabstände Halle	Bahn
Schüler/innen B	3	ca. 6,00 m	ca. 4,50 m	7,50 m
Schüler/innen A	3	ca. 6,00 m	ca. 5,50 m	8,00 m
weibl. Jugend B/A	2	ca. 7,00 m	ca. 6,00 m	8,50 m
männl. Jugend B	2	ca. 7,50 m	ca. 6,50 m	8,60 m
männl. Jugend A	2	ca. 7,50 m	ca. 7,00 m	8,90 m
Frauen	2	ca. 7,00 m	ca. 6,50 m	8,50 m
Männer	2	ca. 7,50 m	ca. 7,50 m	9,14 m

c) *Übungsformen zur Verbesserung der Beweglichkeit des Hürdenläufers*

1. Hürdensitz: Rumpfbeugen über langes und abgewinkeltes Bein.
2. Hürdensitz: Rumpfbeugen über das lange Bein mit gleichzeitigem Hochreißen des Nachziehbeines *(Abb. 21 a)*.
3. Hürdensitz: Abwechselndes Hochfedern des Schwung- und des Nachziehbeins.

Abb. 21 a   Abb. 21 b   Abb. 21 c

4. Grätschsitz: Bei aufrechter Rumpfhaltung werden die gestreckten Beine nach oben-außen geschlagen. Die Grätsche wird dabei immer weiter *(Abb. 21 b)*.
5. Rückenlage: Auf Klatschen des Übungsleiters setzen sich die Schüler in den Hürdensitz, führen zwei Rumpfbeugen vorwärts durch und legen sich dann wieder hin *(Abb. 21 c)*.
6. Die gleiche Übung läßt sich auch aus der Bauchlage durchführen.
7. Weite Seitgrätschstellung: Auf Klatschen setzen sich die Schüler in den Hürdensitz und federn mit dem Rumpf zum Knie des gestreckten Beins.

Sie nehmen dann die Ausgangsstellung wieder ein und üben zur anderen Seite.

8. Rolle vorwärts in den Hürdensitz mit anschließendem Rumpfbeugen vorwärts *(Abb. 21 d)*.
9. Kerze: Abrollen in den Hürdensitz, Rumpfbeugen vorwärts *(Abb. 21 e)*.
10. Spagatübungen.

Abb. 21 d   *Abb. 21 e*

D. Hindernislauf

a) Übungsformen zur Erarbeitung und Verbesserung der Hindernistechnik

1. Überlaufen von Doppelhürden *(Abb. 22 a)*.
2. Überlaufen doppelter Langbänke *(Abb. 22 b)*.
3. Überlaufen eines 91,5 cm hohen Schwebebalkens *(Abb. 22 c)*.

Abb. 22 a   *Abb. 22 b*   *Abb. 22 c*

b) Übungsformen zur Erarbeitung und Verbesserung der Wassergrabentechnik

1. Aufspringen auf drei- bis vierteilige Kästen mit anschließendem weitem Abspringen auf eine Matte.

Abb. 23

2. Aufspringen auf einen Schwebebalken mit folgendem Absprung auf eine Matte *(Abb. 23)*.
3. Aufspringen auf einen Schwebebalken mit Absprung auf eine schiefe Ebene, die aus einem Kastenoberteil und Reutherbrettern gebildet wird *(Abb. 24)*.

Abb. 24

c) *Übungsform zur Verbesserung von Antizipation und spezieller Ausdauer*

Oftmaliges Durchlaufen eines Rundkurses mit Doppelhürde, Schwebebalken und Wassergrabenimitation *(Abb. 24)*.

III. KRAFTSCHULUNG

Die Bewegungsverwandtschaft aller Läufe gibt uns die Berechtigung, die Kraftschulung für die Laufdisziplinen zusammen darzustellen. Alle im folgenden aufgeführten Übungen werden ohne oder mit relativ leichten Gewichten durchgeführt. — Die Übungen zielen insbesondere auf eine Verbesserung der Bein- und Rumpfkraft hin. Sie sollen von dem Sprinter spritzig, vom Dauerleister schnell bis zügig durchgeführt werden.
Organisatorisch lassen sich alle Übungen gut im Kreis- oder im Stationsunterricht anordnen. Viele können aber auch im Frontalunterricht und hier meistens in einem konditionellen Vor- oder Nachspann einer Unterrichtsstunde verwendet werden.

Abb. 25

a) *Übungen zur Kräftigung der Unterschenkelmuskulatur*

1. Traben mit Gewichtswesten oder Sandsäcken.
2. Hopserläufe mit Belastung und guter Fußstreckung.
3. Hüpfen mit Sandsack- oder Hantelbelastung.
4. Einbeiniges Federn auf der Langbank mit Belastung *(Abb. 25)*.
5. Hinksprünge an der Hallenlängsseite ohne oder mit Belastung.

b) Übungen zur Kräftigung der Oberschenkelmuskulatur

1. Sprünge aus der mittleren und der tiefen Hocke mit oder ohne Belastung.
2. Streckübungen an Kletterstangen *(Abb. 26)*.

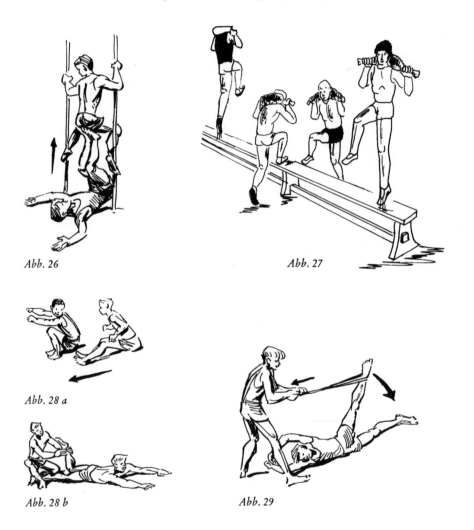

Abb. 26   Abb. 27

Abb. 28 a

Abb. 28 b   Abb. 29

3. Wechselhopser an zweiteiligen Kästen oder an einer Langbank *(Abb. 27)*.
4. Widerstandsübungen zur Kräftigung der Oberschenkelrückseite: „Raupengang" *(Abb. 28 a)*, Unterschenkelbeugen gegen Partnerwiderstand *(Abb. 28 b)*.
5. Kräftigung der Oberschenkelinnenseite mit Zauberschnüren *(Abb. 29)*.

c) *Übungen zur Kräftigung der Bauchmuskulatur*

1. Übungen zur Kräftigung der geraden Bauchmuskeln:
Aufrichten aus der Rückenlage mit oder ohne Belastung auf dem Boden. Die gleiche Übung wird schwerer, wenn sie von einem Kasten aus durchgeführt wird *(Abb. 30)*,

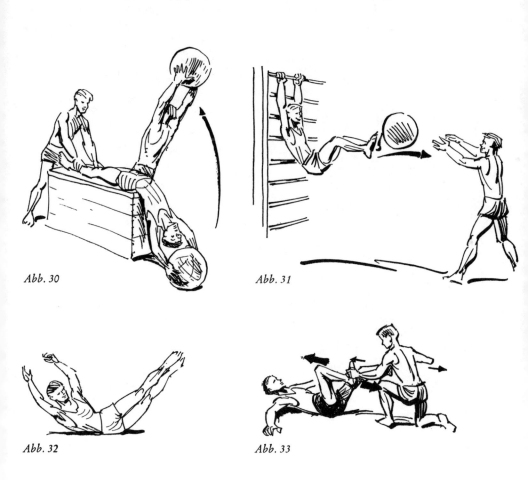

Abb. 30   Abb. 31

Abb. 32   Abb. 33

Taschenmesser,
Medizinballwerfen aus der Rückenlage mit frühem Aufrichten des Oberkörpers,
Zurücktreten eines Medizinballes aus dem Streckhang an der Sprossenwand *(Abb. 31)*.

2. Übungen zur Kräftigung der schrägen Bauchmuskeln:
   Seitschaukeln *(Abb. 32)*,
   Rumpfdrehen mit Belastung.

3. Kräftigung der Oberschenkelhebemuskeln:
   Beidbeinige Sprünge mit Hochreißen der Knie zur Brust,
   „Laufen" im Stütz zwischen den Barrenholmen mit Gewichtsschuhen oder gegen Partnerwiderstand,
   Anziehen der Knie gegen Partnerwiderstand im Liegen *(Abb. 33)*,
   Rückstoßen eines Medizinballes mit dem Oberschenkel *(Abb. 34)*.

Abb. 34   *Abb. 35*

d) *Übungen zur Kräftigung der Rückenmuskeln*

1. Bauchschaukeln,
2. Aufrichteübungen auf niederen Kästen *(Abb. 35)*,
3. Hochfedern von Rumpf und Beinen aus der Bauchlage.

Sprungschulung in der Halle

I. SPIELFORMEN

a) Kleine Spiel- und Übungsformen zur Entwicklung der Sprungkraft

1. Teufelstanz:
   Die Schüler bilden mehrere Kreise zu 6 bis 8 Personen. In der Mitte jedes Kreises steht ein Kind und führt an einer etwa zwei Meter langen Schnur einen Turnschuh kreisförmig um sich herum. Die Mitspieler an der Außenseite des Kreises sollen über ihn hinwegspringen. Wer hängen bleibt, scheidet aus.
2. Wechselt das Bäumchen:
   Die Kinder haben sich zu einem großen Kreis aufgestellt. Alle, außer einem Mitspieler, stehen in Reifen oder auf Matten. Auf den Zuruf: „Wechselt das Bäumchen!" muß sich jeder einen neuen Reifen suchen. Als Fortbewegungsarten eignen sich in unserem Falle einbeiniges Hinken, beidbeiniges Hüpfen und Sprünge aus der tiefen Hocke.

Abb. 36

3. Überspringen von Kastenteilen, niederen Kästen, Zauberschnüren, Gymnastikstäben, Medizinbällen, Reifen, Langbänken u. a.
   Diese Geräte werden so angeordnet, daß sie im Zweier-, Dreier-, Vieres- oder Fünferrhythmus übersprungen werden können. Es empfiehlt sich, dabei die Diagonalen der Halle zu benutzen.

4. Überspringen von Mitschülern in den Formen des Bock- und des Kreis- bzw. des „Bank"springens *(Abb. 36)*.

5. Sprungwettkämpfe mit Hinksprüngen oder Sprüngen aus der tiefen Hocke in Dreier-, Fünfer- oder Siebenerserien. Wer kommt mit 5 Sprüngen am weitesten?

b) Kleine Spiel- und Übungsformen zur Entwicklung der Sprunggeschicklichkeit

1. Wechselhüpfen auf die in *Abbildung 37* gezeigte Art.

Abb. 37

Abb. 38   Abb. 39   Abb. 40

2. „Bank"springen:
   Ein Schüler geht in die „Bank" (Kniestand), sein Partner springt über ihn hinweg und schlüpft anschließend unter ihm durch *(Abb. 38)*.

Tiefstart einer 11jährigen Schülerin

Hürdenlauf einer 11jährigen Schülerin

Hochsprung eines 11jährigen Schülers (Flop)
Weitsprung einer 11jährigen Schülerin (Schritt-Technik)

3. Henkelhüpfen *(Abb. 39)*.
4. Hockwenden über den knienden Partner *(Abb. 40)*.
5. Drehsprungfolgen:
   lauf — lauf — dreh — lauf — lauf — dreh ... (Dreierrhythmus, sehr schwer!)
   lauf — lauf — lauf — dreh ... (Viererrhythmus; leicht!).

c) *Kleine Spiel- und Übungsformen zur Entwicklung der Sprungausdauer*

1. Nummernwettläufe mit Sprungaufträgen:
   Sind die Laufwege bei den Nummernwettläufen *(Abb. 3)* kurz, so kann der gesamte Weg hinkend zurückgelegt werden. Dabei sollte man es gestatten, das Sprungbein einmal zu wechseln. Bei langen Kursen können nur einzelne Streckenabschnitte zur Schulung der Sprungausdauer verwendet werden.
2. Staffelwettkämpfe mit Sprungeinlagen:
   Auch hier wird man meistens nur einen Teil der Laufstrecke durch Vielsprungfolgen bewältigen lassen.
3. Vielsprungwettkämpfe:
   „Wer kommt mit 6 Hinksprüngen am weitesten?"
   „Wer braucht zum Durchqueren der Halle die wenigsten Sprünge?"
4. Fangspiele mit Hinkzonen:
   In der Mitte der Halle wird ein etwa 5 Meter breiter Streifen zur Hinkzone erklärt. Jeder, ganz gleich ob Jäger oder Hase, der sich in ihr fortbewegt, darf dies nur hinkend tun.
5. Antriebs- oder Auftriebssprünge (Lauf- bzw. Hinksprünge) in Rhythmischen Reihen:
   lauf — lauf — lauf — hink — lauf — lauf — lauf — hink (Viererrhythmus), lauf — lauf — Sprung — lauf — lauf — Sprung (Dreierrhythmus).

II. ÜBUNGSFORMEN

A. Weitsprung

a) Übungsformen zur Anlauf- und Absprungschulung

1. Sprünge aus einem Drei-, später Fünf- oder Siebenschrittanlauf auf einen Mattenberg, an hochgezogene Ringe *(Abb. 41)* oder an einem Basketballkorb *(Abb. 42)*.

Abb. 41

2. Treffen der Absprungzone aus verschieden langen Anläufen ohne zu „Trippeln" oder die Schritte zu ziehen (Antizipationsschulung).

Abb. 42

b) Übungsformen zur Schulung des Fluges

Alle Geräteanordnungen, die den Flugweg verlängern helfen, eignen sich zur Erarbeitung und Verbesserung der Flughaltung. Hier bietet die Halle weit mehr Möglichkeiten als der Sportplatz.

Zur Schulung einer aufrechten Sprunghaltung eignen sich:

1. Treppensprünge *(Abb. 43):*

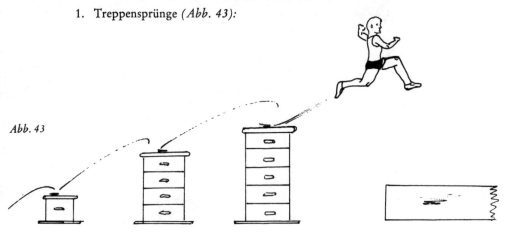

Abb. 43

Als Geräte wählen wir quer- oder längsgestellte Kästen, Pferde. Der letzte Sprung kann als Hang-, Lauf- oder Drehsprung durchgeführt werden.

2. Steigesprünge von einem Kastenoberteil aus auf einen Mattenberg oder eine Weichmatte erfüllen bei verbesserter Sprungkraft die gleichen Zwecke, besonders, wenn sie als Drehsprünge ausgeführt werden *(Abb. 44).*

Abb. 44

3. Diese Steigesprünge werden intensiviert, wenn die Schüler den Auftrag erhalten, bei der Luftfahrt mit der Hüfte in eine Zauberschnur hineinzuspringen.

Zur Erarbeitung von Hang- oder Lauftechnik eignen sich besonders:
1. Sprünge von mehreren längsgestellten Kästen *(Abb. 45)*:
   Die Sprünge sollten möglichst auf eine Weichmatte ausgeführt werden.

Abb. 45

2. Sprünge von längsgestellten Kastenoberteilen:
   Die in *Abbildung 45* gezeigte Gerätanordnung bleibt erhalten. Die Kästen werden jedoch ständig erniedrigt, so daß schließlich nur noch die Oberteile verwendet werden.

3. Weitsprünge von einem Kastenoberteil *(Abb. 46)*:
   Mit Telemarklandung zur Schulung der Schritt-Technik.

Abb. 46

4. Weitsprünge von quergestellten Kastenoberteilen *(Abb. 47)*:
   Zur Schulung von Schritt-, Hang- und Lauf-Technik.

Abb. 47

c) *Übungsformen zur Schulung der Landung*

Eine gesonderte Schulung der Landung sollte man in der Halle nur durchführen, wenn Schaumgummimatten vorhanden sind. Einfache Turnmatten sind, auch wenn sie zu einem Mattenberg aufgeschichtet wurden, zu hart.

1. Landeübung mit Absprunghilfe:
   Absprung von einem Kastenoberteil, Landung auf einer Weichmatte mit weitem Vorbringen der Beine.

2. Landeübungen auf Weichmatten *(Abb. 48)*:
   Hier wird der Auftrag gestellt, bei der Landung die Beine so weit vorzustrecken, daß der Übende zum Sitz kommt.

Abb. 48

d) *Nachbemerkungen*

Die gezeigten methodischen Hilfen müssen so rasch wie möglich wieder abgebaut werden, da sie lediglich einzelne technische Elemente in Grobform vorbereiten helfen, aber ungeeignet sind, um die Dynamik zu schulen.

B. Dreisprung

a) *Übungsformen zur Anlauf- und Absprungschulung*

1. Dreispringen aus 3, 5, 7 Anlaufschritten:
   Falls die Halle keinen Schwingboden besitzt, ist es erforderlich, die Dreisprünge auf einer ausgerollten Mattenbahn durchführen zu lassen. Als Landefläche genügt eine normale Turnmatte.

Abb. 49

2. Üben des Balkentreffens mit abschließendem „hop" aus verschieden langen Anläufen.

b) Übungsformen zum Erarbeiten und Festigen der Sprunggestalt

1. Dreispringen an der Gerätekombination Matte, Kasten, Matte aus einem Drei- bis Fünfschrittanlauf *(Abb. 49)*.
2. Dreispringen auf einer Kastentreppe:
   1. Sprung vom Boden auf ein Kastenoberteil (Hinksprung),
   2. Sprung von dort auf einen höheren Kasten (Schrittsprung),
   3. Sprung von dort auf einen Mattenberg (Landung) *(Abb. 50)*.

Abb. 50

3. Dreisprungfolgen in der Diagonalen der Halle:
   links — links — rechts — links — links — rechts ... oder
   rechts — rechts — links — rechts — rechts — links ...

c) Übungsformen zur Verbesserung der Teilsprünge

1. Verbesserung des „hop":
   Die Schüler überhinken ein Kastenoberteil, führen dann einen Schrittsprung auf einen zweiteiligen Kasten aus und springen von dort auf eine dahinterliegende Matte.
   Wenn man den ersten Sprung von einem niederen Kastenteil aus auf den Boden und von dort wieder auf einen Kasten ausführen läßt, ist die Trainingswirkung auf das „Hop-Bein" noch größer. Wegen der gewaltigen Stauchwirkung ist diese Übung aber nur für Fortgeschrittene gedacht!
2. Verbesserung des „step":
   Nach dem „hop", der vom Boden auf einen zweiteiligen Kasten führte, folgt der „step" auf eine niedriger liegende Matte. Das Schritt-Bein muß

dadurch eine relativ hohe Stauchung aushalten und ihr entgegenarbeiten *(Abb. 51)*.

3. Verbesserung des „jump":
Zur Verbesserung des „jump" muß der Springer auf aufrechte Rumpfhaltung und hohe Schwungbeinführung achten. Eine besondere Gerätanordnung ist nicht erforderlich.

Abb. 51

d) *Kontrollübungen zur Überprüfung des Leistungsstandes*

1. Dreisprung aus dem Stand. Als Landefläche für den „jump" wird eine gewöhnliche Turnmatte benötigt *(Abb. 52)*.

2. Dreisprung aus dem Drei- oder Fünfschrittanlauf:
Wird auf Schwingboden geübt, so genügt es auch hier, wenn lediglich die Landefläche gepolstert ist.

Bei beiden Übungen kann die Sprungweite exakt festgestellt werden und als Maß für die Leistungsfähigkeit des Dreispringers gelten.

Abb. 52

C. Hochsprung

a) Übungsformen zur Anlauf- und Absprungschulung

1. Erarbeitung des Anlaufrhythmus an Hindernisreihen:
   Gute Möglichkeiten zur Erarbeitung der Dreier-, Fünfer- und Siebenerrhythmen, die beim Hochsprunganlauf meist verwendet werden, bieten Hindernisreihen. Sie können aus Langbänken, Kastenteilen, Kästen, Medizinbällen, Zauberschnüren u. ä. bestehen.
2. Erarbeiten des Fünferrhythmus an der Hallenhochsprunganlage:
   Die Schüler überspringen eine niedrige Zauberschnur. Sie beginnen von einer etwa 6 Gehschritte von der Schnurmitte entfernten Marke. Um die unterschiedliche Schrittlänge der Schüler zu berücksichtigen, werden 3 Ablaufmarken angeboten *(Abb. 53)*.

Abb. 53

3. Nachahmungsübungen:
   a) an der Wand *(Abb. 54)*,
   b) als Rhythmische Reihe in der Diagonalen der Halle *(Abb. 55)*.

Abb. 54

Abb. 55

Nach einem Anlauf im Dreier- oder Fünferrhythmus springen die Schüler kräftig ab, federn anschließend in die tiefe Hocke und beginnen den Anlauf von neuem.

4. Hochspringen an der Kastentreppe:

   Abbildung 56 zeigt die hierzu nötige Geräteanordnung. Falls die Bodenturnmatte, die zur Sicherung über die Kästen gelegt wird, nicht dick genug ist, polstern wir die einzelnen Kastenstufen zusätzlich mit Matten.

Abb. 56

b) Übungsformen zur Schulung der Flugphasen beim Wälzsprung und beim Fosbury-Flop

1. Übungsformen an Mattenvierecken:

   Zum Erlernen der Grobform der Wälzbewegung sind Weichmatten nicht erforderlich, da die Schüler die Wucht ihrer Körpermasse auf dem Schwungbein abfangen.

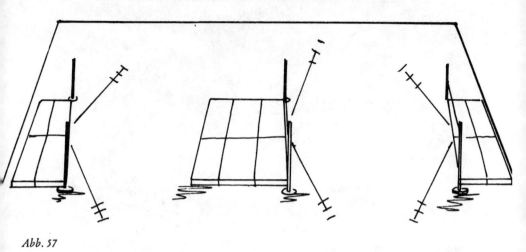

Abb. 57

Hier genügen daher einfache Turnmatten als Aufsprungfläche. Um eine Hochsprunganlage zu bauen, sind 4 Matten erforderlich. In einer normal ausgestatteten Halle können daher mindestens 3 Hochsprunganlagen aufgebaut werden *(Abb. 57)*.
Wenn nicht genügend Ständer vorhanden sind, helfen Reckpfosten weiter.

2. Übungsformen an Hindernisreihen:

An den Geräteanordnungen der *Abbildungen 58* und *59* kann die Grobform der Wälztechnik erarbeitet werden.

Bei *Abbildung 58* müssen die Schüler abwechselnd links und rechts abspringen. Das schadet aber nichts, sondern ist im Gegenteil zur Verbesserung der Sprunggeschicklichkeit sehr nützlich. Die Geräteaufbauten in *Abbildung 59* dagegen machen Unterschiede zwischen Kreisen für Links- und solchen für Rechtsspringer.

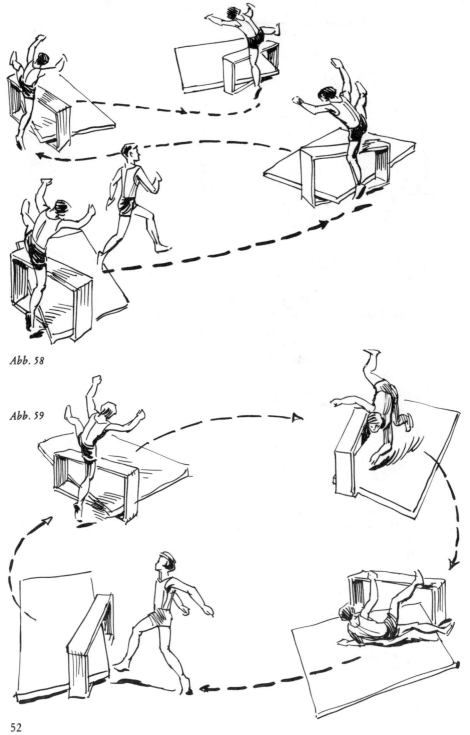

Abb. 58

Abb. 59

c) *Möglichkeiten zu wettkampfnahem Hochspringen*

1. Hochspringen in der Wälztechnik am Mattenberg *(Abb. 60)*.

Abb. 60

2. Hochspringen auf niedere, gepolsterte Kästen *(Abb. 61 a)*.

Abb. 61 a

Abb. 61 b

3. Hochspringen in der Flop-Technik mit Hilfe eines nicht federnden Sprungbretts *(Abb. 62)*.

Abb. 62

4. Hochspringen auf eine Schaumgummimatte[5] in der Fosbury-Technik *(Abb. 63)*.

---

[5] Schaumgummimatten sind als Vollschaumgummiwürfel bei verschiedenen Sportgerätefabriken zu haben. Billiger werden sie, wenn man sich eine solche Matte aus Schaumgummiresten vom Polsterer stopfen läßt. Sie sollte etwa 50 cm dick sein und eine Fläche von 4,5 Meter mal 2,5 Meter haben.

Abb. 63

Bei sprungschwachen Schülern ist es oft günstig, wenn die Flugdauer und die Fallhöhe mit Hilfe eines Sprungbretts vergrößert werden, da sich in diesem Falle die wesentlichen technischen Merkmale der Flop-Technik besser erlernen lassen.

Auf lange Sicht ist es allerdings wichtig, daß die konditionellen Merkmale, insbesondere aber die Sprungkraft, so ausgebaut werden, daß derartige Absprunghilfen nicht mehr erforderlich sind.

d) *Umbau von Hochsprungständern zu Übungsanlagen*
1. In leistungsheterogenen Gruppen geht oft viel Zeit dadurch verloren, daß die Lattenhöhe dauernd verändert werden muß. Hier hilft das Anbringen mehrerer Auflageplatten im Abstand von 10 bis 20 cm das Auf- und Abschieben der Latte zu ersparen *(vergl. Abb. 64)*.
2. Bei der Verwendung von Holzständern können im Abstand von 5 cm Nägel in den Ständer eingeschlagen werden *(vergl. dazu Abb. 74)*.

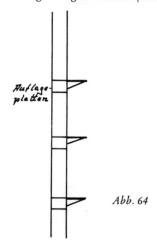

Abb. 64

D. Stabhochsprung

a) Übungsformen zum Vertrautwerden mit dem Stab

1. Partnerübungen:

   Kletterübungen: Zwei Schüler halten die Stange, der dritte klettert daran empor *(Abb. 65 a)*.

   Zwei Schüler halten eine Stange an beiden Enden und tragen sie als „Reckstange" zwischen sich. Der dritte balanciert darauf, übt Felgauf- und Abschwünge, läßt sich im Kniehang tragen u. a. m.

Abb. 65 a

Abb. 65 b

2. Einzelübungen:

   Stabklettern: Die Stange wird auf eine Matte aufgesetzt oder am unteren Ende mit einer Gummikappe versehen. Jeder Schüler versucht nun, an seinem Stab möglichst hoch hinaufzuklettern. Dabei gilt es, gut das Gleichgewicht zu halten. Wer kommt am höchsten? *(Abb. 65 b)*.

3. Hexenjagd:

   Alle Schüler haben einen Sprungstab[6]. Die Hälfte der Kinder spielt die Hexen, die andere die Fänger. Letztere haben die Aufgabe, die Hexen

---

[6] Etwa 2 m lange und ca. 3 cm dicke Rundhölzer mit Gummikappen.

abzuschlagen. Jäger und Gejagte dürfen sich nur im „Hexenritt" bewegen *(Abb. 66)*.

Ein Wegrutschen der Stäbe wird vermieden, wenn man sie am unteren Ende mit einer Gummikappe[7] überzieht.

Abb. 66

4. Hexenritt von quergestellten Kästen:

   Der Stab wird auf einer Kokosmatte aufgesetzt. Der Schüler springt beidbeinig vom Kasten ab und läßt sich von der Stange möglichst weit tragen. Hierzu sind ca. 3,50 m lange Stäbe erforderlich.

5. Stabweitsprung von längsgestellten Kästen:

   Der Geräteaufbau von *Abbildung 67* ermöglicht ein selbständiges Einstechen des Stabes aus kurzem Anlauf. Die Beine können anfangs noch gegrätscht werden, später pendelt der Körper seitlich am Stab vorbei.

Abb. 67

---

[7] Gummikappen — wie sie an Krückstöcken üblich sind — eignen sich für dünne Stäbe. Sie sind in Apotheken und Drogerien erhältlich. Bei dickeren Stangen kann man Gummikappen von Flaschen verwenden.

Abb. 67

b) *Übungsformen zum Erlernen des Abspringens und des Einrollens*
1. Stabaufschwünge an der Wand *(Abb. 68)*.
2. Einrollübungen auf gepolsterte Kästen *(Abb. 69)*.

Abb. 68

Abb. 69

c) *Übungsformen zum Überqueren der Latte*

1. Bei Anfängern eignet sich der in *Abbildung 70* gezeigte Geräteaufbau:

    Zwei Helfer halten eine Latte über Kopfhöhe. Der Springer läuft von längsgestellten Kästen aus an, setzt den Stab am Fuß des Mattenbergs auf und versucht sich über die Latte zu schwingen.

Abb. 70

Abb. 71

2. Drei niedere Kästen werden gut mit Matten gepolstert. Dahinter liegen weitere Aufsprungmatten, davor dient eine Kokosmatte als Einstichfläche *(Abb. 71)*.

3. Stabhochspringen auf ein Trampolin *(Abb. 72)*:

Hier werden benötigt: Zwei Stabhochsprungständer, eine Latte, ein Trampolin als Aufsprungfläche und ein Kastenoberteil mit Kokosmatte. Bei diesem Geräteaufbau ist es besonders wichtig, auf ein gutes Polstern des randlichen Gestänges des Trampolins zu achten.

Abb. 72

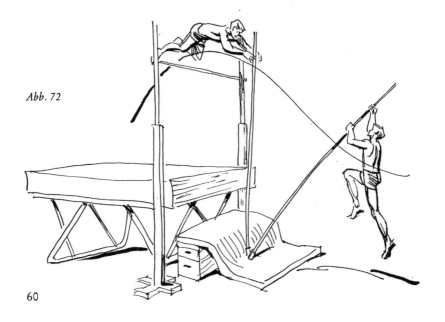

4. **Stabhochspringen mit Hilfe eines losen Einstickkastens** *(Abb. 73 a):*
   Ein loser Einstickkasten aus Kunststoff kann in der Halle überall aufgelegt werden. Infolge des veränderten Einstickwinkels müssen bei dem Einsatz dieses Hilfsgeräts eine niederere Griffhöhe gewählt und die Technik des Einstechens verändert werden.

Abb. 73 a

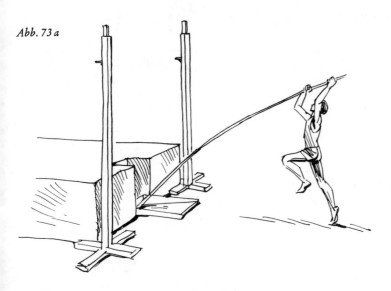

5. Diese Nachteile vermeidet man, wenn die Möglichkeit besteht, einen Einstickkasten in den Boden einzulassen. In diesem Fall entstehen Bedingungen, die denen im Freien völlig entsprechen *(Abb. 73 b).*

Abb. 73 b

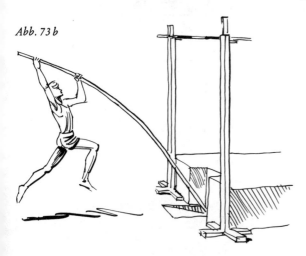

Für Übungszwecke noch günstiger ist es, wenn man den Einstichkasten 20—30 cm tiefer als gewöhnlich legt. In diesem Falle können flexible Stäbe leichter gebogen werden. Es ist dann allerdings erforderlich, daß der Kasten durch Einlagevorrichtungen aus Holz, Metall oder Kunststoff nach oben verstellt werden können (Stapelprinzip) *(vergl. Abb. 74 a)*.

d) *Umbau von Stabhochsprungständern zu Übungsanlagen*

1. Bei Metall-Stabhochsprungständern empfiehlt es sich, mehrere Auflagearme im Abstand von ca. 50 cm anzubringen. Auf diese Weise vermeidet man das bei Springern unterschiedlichen Niveaus sonst erforderliche ständige Auf- und Abschieben der Latte *(vergl. Abb. 74 b)*.
2. Bei Holzständern können in die Führungsleiste im Abstand von ca. 20 cm Nägel als Auflagestifte für die Latte eingeschlagen werden *(vergl. Abb. 74 c)*.

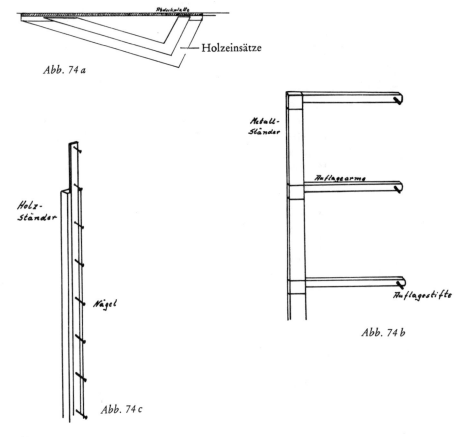

Abb. 74 a

Abb. 74 b

Abb. 74 c

III. KRAFTSCHULUNG

In noch höherem Maße als der Lauf, erfordert der Sprung eine besondere Schulung der Bein- und Bauchmuskelkraft. Beim Stabhochspringer kommt auch der Verbesserung der Armkraft eine große Bedeutung zu. Hieraus erklärt sich die Sonderstellung dieser leichtathletischen Disziplin in konditioneller Hinsicht. Wir werden sie daher im folgenden gesondert betrachten. Alle übrigen Sprünge zeigen recht bemerkenswerte Bewegungsverwandtschaften, so daß wir die Kraftübungen zur Förderung des Weit-, Drei- und Hochsprunges gemeinsam beschreiben können.

a) Übungen zur Verbesserung der Beinkraft
1. Hier eignen sich alle Formen der Kräftigung von Unter- und Oberschenkelmuskulatur, die bei der Betrachtung spezieller Kraftübungen für Sprinter bereits genannt wurden (III, a/b).
2. Sprungkombinationen:
   zum Beispiel tiefe Hocke, Schlußsprung mit Anhocken der Beine — tiefe Hocke, Grätschwinkelsprung — tiefe Hocke, Strecksprung — tiefe Hocke, Drehsprung u. a.
3. Hock- oder Laufsprünge auf hohe Kästen.
4. „Radfahren" gegen Partnerwiderstand.
5. Bankstoßen mit zusätzlicher Partnerbelastung *(Abb. 75)*.

Abb. 75

6. Sprünge aus der leichten bis mittleren Hocke mit Belastung: Hanteln, Sandsäcke oder Partner können als „Gewichte" gewählt werden.
7. Überspringen von Hindernisreihen mit Gewichtswesten.
8. Sprung- und Hopserläufe mit Sandsackbelastung.
9. Leichte Ausfallschritte mit Belastung.

10. Nachahmungsübungen:
    Nachahmung des Hochsprungs an der Wand *(Abb. 54)*, Nachahmung des Weit- und des Dreisprungs (Anlauf, Absprung, Landung). Alle Übungen können mit Gewichtswesten durchgeführt werden. Sonstige Hilfsgeräte sind unnötig.

b) Übungen zur Verbesserung der Rumpfkraft (Bauch- und Rückenmuskeln)

1. Auch hier können die Übungen, die bei der Konditionsschulung für Sprinter bereits dargestellt wurden, verwendet werden (III c, d).
2. Konditionsgymnastik:
   Rumpfbeugen vorwärts — rückwärts — seitwärts oder Rumpfkreisen, Rumpfdrehen, Rumpfbeugen in schnellen Folgen über mehrere Minuten.
3. Beinkreisen an niederen Ringen.
4. Wanderfedern:
   Ausgangsstellung Liegestütz: Durch energisches Hüftfedern sollen die Schüler versuchen, vom Boden wegzuschnellen und einige Meter zu „wandern".
5. Rumpfdrehen in Bauch- oder Rückenlage:
   Die Hände sind im Genick verschränkt. Die Schüler drehen den Rumpf in Fünfer- oder Zehnerserien nach links und rechts. Die Übung kann auf dem Boden oder auf Kästen durchgeführt werden. Belastung durch leichte Gewichte (Hantelscheiben) ist möglich.
6. Kraulschlagübung:
   Die Schüler ahmen, auf dem Bauch liegend, die Kraulbewegung nach. Arme und Beine können durch Sandsäckchen oder Gummischnüre belastet werden.
7. Federn der gestreckten Beine mit Sandsackbelastung in Rückenlage.

Abb. 76 a   *Abb. 76 b*

8. Felgaufschwünge an Reck oder Stufenbarren in Dreier- oder Fünferserien.
9. Hochschwingen der Beine an Sprossenwand, Kletterstange oder im Sitz; eventuell mit Belastung *(Abb. 76 a/b)*.

Kugelstoßen eines 13jährigen Schülers

Diskuswerfen einer 13jährigen Schülerin

Ballwurf einer 11jährigen Schülerin

Speerwurf einer 13jährigen Schülerin

10. Hochschlagen des Schwungbeines gegen einen Widerstand *(Abb. 77)*.

Abb. 77

c) *Übungen zur Verbesserung der Arm- und Rumpfkraft (besonders für Stabhochspringer)*

1. Radwende über ein Kastenoberteil. Hierbei greift eine Hand auf den Boden, die andere auf den Kasten.
2. Rolle rückwärts durch den flüchtigen Handstand über ein Hindernis *(Abb. 78)*.
3. Angehechtete Rolle vorwärts über ein niederes Hindernis mit sofortigem Zurückdrücken in den Stand *(Abb. 79)*.

Abb. 78

Abb. 79

4. Aufschwünge an Kletterstangen, Tauen *(Abb. 80 a)* oder Ringen *(Abb. 80 b).*

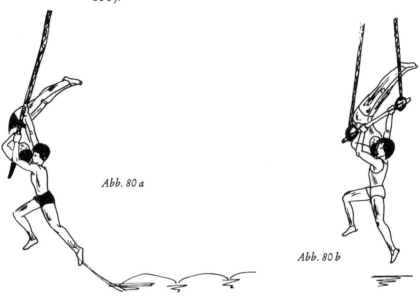

Abb. 80 a

Abb. 80 b

5. Unterschwünge am Reck *(Abb. 81).* Am Kulminationspunkt kann ein Unterschwung mit halber Drehung gefordert werden. Zwiegriff ist zweckmäßig!

Abb. 81

6. Aufschwünge mit halber Drehung an niederen Kästen *(Abb. 82)*:
   Die Schüler liegen auf dem Rücken und halten sich mit beiden Händen an einem Tau oder einem Ring fest. Ihre Beine ruhen auf einem zweiteiligen Kasten. Durch einen kräftigen Armzug versuchen sie auf dem Kasten zum Stand zu kommen und sich dabei um 180° zu drehen.

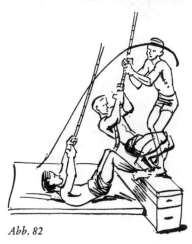

Abb. 82

7. Aufschwünge an schwingenden Ringen oder Tauen *(Abb. 83)*.
8. Kippen an Reck oder schwingenden Ringen.
9. Schwungstemmen an Barren, Reck oder schwingenden Ringen.
10. Klettern an Stangen oder Tauen.

Abb. 83

Wurfschulung in der Halle
Die geraden Würfe: Schlagballwurf, Speerwurf, Kugelstoß

I. SPIELFORMEN

a) Kleine Spiel- und Übungsformen zur Entwicklung der Wurfkraft

1. Haltet das Feld rein:
   Die Halle wird durch eine Zauberschnur geteilt. So entstehen zwei Spielfelder, die von je einer Mannschaft besetzt werden. Jede versucht, möglichst viele Gymnastikbälle in das gegnerische Feld zu werfen. Die Mannschaft, in deren Spielhälfte nach einer bestimmten Zeit (etwa einer Minute) die meisten Bälle liegen, hat verloren. — Die Bälle brauchen bei diesem Spiel nicht gefangen zu werden.

2. Zielwerfen, bzw. Zielstoßen auf ruhende Ziele:
   Als Einzelwettkampf: Wer trifft bei 20 Würfen (Stößen) am meisten?
   Als Gruppenwettkampf: Welcher Gruppe gelingt es am häufigsten, das Ziel zu treffen? *(Abb. 84)*.
   Als Ziele können Medizinbälle, Keulen, Kastenteile, hängende Ringe u. a. m. verwendet werden.

3. Wurfstaffeln:
   Eine Klasse mit 40 Schülern wird in vier gleichgroße Mannschaften aufgeteilt. Die Schüler mit der Nummer 1 werfen den 200-g-Ball (bzw.

Abb. 84

stoßen den Medizinball) zur gegenüberliegenden Wand, die Zweier holen ihn zurück und geben ihn den Dreiern. Diese werfen wieder usw.
Jeder Schüler muß zuerst ein bestimmtes Ziel treffen, bevor er den Schlagball (bzw. den Medizinball) dem nächsten weitergeben darf.
4. Partnerübungen:
Die Schüler werfen oder stoßen sich Hohlbälle, Medizinbälle, Sandsäckchen u. ä. zu.

b) Kleine Spiel- und Übungsformen zur Entwicklung der Wurfgeschicklichkeit

1. Partnerweises Zuwerfen und Fangen von Gymnastikbällen in verschiedenen Wurfarten.
2. Werfen und Fangen als Einzelübung:
(In der Halle sind für diese und die folgenden Übungsformen Wurf- und Medizinbälle aus Gummi besonders geeignet.)
Im freien Raum: Hochwerfen — fangen; wegwerfen — nachlaufen; prellen — fangen in wechselnden Rhythmen.
An der Wand: Prellen — fangen (in verschiedenen Wurf- und Fangarten).
3. Jägerball:
Ein Schüler ist „Jäger", alle übrigen sind „Hasen". Der „Jäger" versucht, die „Hasen" mit einem Hohlball „abzuschießen". Wer getroffen wurde, scheidet aus oder hilft jagen. Dazu gibt dann der Lehrer evtl. weitere Bälle aus.
4. Wanderball:
Die Schüler bilden Kreise zu etwa acht Personen und werfen sich in verschiedenen Wurfarten Bälle zu. Wer einen Ball fallen läßt, scheidet aus. Bei der Verwendung mehrerer Geräte jagt ein Ball den andern.
5. Burgball:
Wieder werden Kreise zu sechs bis acht Schülern gebildet. Ein Spieler steht in der Mitte und verteidigt seine „Burg" (Keulen, Medizinbälle o. a.) gegen Würfe von der Außenseite des Kreises.
6. Zielwerfen (bzw. -stoßen) auf sich bewegende Gegenstände:
Wer hat nach einer bestimmten Anzahl von Würfen die meisten Treffer? Als Ziele eignen sich rollende Medizinbälle, Hohlbälle und der laufende Lehrer selbst.
7. Schwarz und Weiß:
Das bekannte Laufspiel kann auch als Wurfwettkampf durchgeführt werden. Die Fänger dürfen die Gegenpartei nicht mehr abschlagen, sondern müssen sie abwerfen.
8. Startball:
Vergleiche hierzu das im Kapitel Lauf beschriebene Spiel *(Abb. 4)*. Es kann genauso gut als eine Spielform zur Verbesserung der Wurfgeschicklichkeit angesehen werden.

II. ÜBUNGSFORMEN

A. Schlagball- und Speerwurf

a) Übungsformen zur Schulung des Standwurfes

1. Zielwürfe aus dem Stand auf Scheiben, Reifen, Papiergesichter usw.

   Die Schüler achten abwechselnd
   auf eine exakte Beugung des Standbeins in der Ausgangsstellung,
   auf eine Streckung des Wurfarms in der Ausgangsstellung,
   auf eine Streckung beider Beine beim Abwurf,
   auf eine Beugung des Wurfarms beim Abwurf,
   auf eine hohe Ellenbogenführung beim Abwurf,
   auf ein Vordrücken von Brust und Hüfte beim Abwurf *(Abb. 85)*.

Abb. 85

2. Zur Verbesserung der Ausgangsstellung kann der Wurfarm auf einen etwa hüfthohen Kasten aufgelegt werden *(Abb. 86)*.
3. Würfe an die Wand. Welcher Ball rollt am weitesten in den Raum zurück? Durch diese Aufgabenstellung wird das Werfen mit vollem Energieeinsatz provoziert.

Abb. 86

b) Übungsformen zur Schulung des Impulsschrittes

1. Im ersten Drittel der Halle werden in etwa einem Meter Abstand vier Linien gezeichnet. An der letzten stellen sich sechs bis acht Schüler auf. Mit gestrecktem Wurfarm üben sie den Dreierrhythmus des Übersetzschrittes: Rechtshänder: Links — rechts — links (Wurf).

Die eingezeichneten Linien dienen zur Erarbeitung der richtigen Schrittführung *(Abb. 87)*. Als Wurfgeräte eignen sich Schlag- und Wurfbälle bis 400 g.

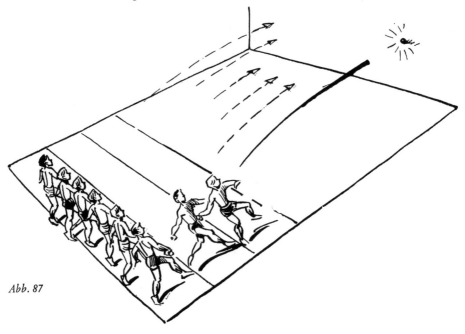

Abb. 87

2. Freies Umhertraben in der Halle mit ständigem Üben des Übersetzens. Die Schüler haben dazu Wurfbälle in Händen.
3. Werfen mit Nocken- oder Wurfbällen an die Hallenwand:
Der Nockenball wird im Zangengriff gefaßt *(Abb. 88 a)*. Die Nocke soll sich im Flug vertikal drehen.

c) *Übungsformen zur Verbesserung der Speerführung*
1. Anlaufübungen an der Gummischnur:
Ein Holzspeer, möglichst mit Gummispitze, wird am hinteren Ende und an der Wicklung mit je einem Nagel durchschlagen. Der erste Nagel dient mit seinen herausstehenden Enden der Sicherung des Zangengriffs *(Abb. 88 b)*, der zweite dem Befestigen der Zauberschnur, die selbst wieder an

Abb. 88 a

Abb. 88 b

einem Reckpfosten angebunden ist. Ein Anlauf im Dreier- oder Fünferrhythmus führt (unter Umständen aus dem Raum jenseits des Recks) bis zur Abwurfphase[8].

Abb. 89

---

[8] Hallenübungsspeere sind bei verschiedenen Sportgerätefabriken erhältlich. Man kann sie sich aber auch selbst herstellen. Aus Bambusstangen, Besenstielen und ausgedienten Wettkampfspeeren sind sie leicht zu basteln. Eine dicke Kordel wird als Bindung in der Nähe des Schwerpunktes angeleimt, am unteren Ende steckt man eine Gummikappe auf, wie sie an einer Krücke üblich ist.

2. Anlaufübungen mit Speeren ohne Gummiseilführung:
Sind keine Speere vorhanden, so läßt sich diese Übung, genau wie die vorhergehende, auch mit Besenstielen, Lattenauflegestäben, abgebrochenen Hochsprunglatten u. ä. durchführen. Optische Hilfen zur Erarbeitung des Dreier- oder Fünferrhythmus, wie sie in *Abbildung 87* zu sehen sind, eignen sich auch hier.

d) Übungsformen zur Verbesserung des Abwurfs

1. Medizinball- oder Wurfballwerfen aus dem Kniestand *(Abb. 90)*.

Abb. 90

2. Medizinballwerfen aus dem Sitz *(Abb. 91)*. Statt Medizinbällen verwendet man neuerdings besser die handlicheren Wurfbälle (400 g — 800 g — 1000 g — 1500 g — 2000 g — 2500 g — 3000 g).

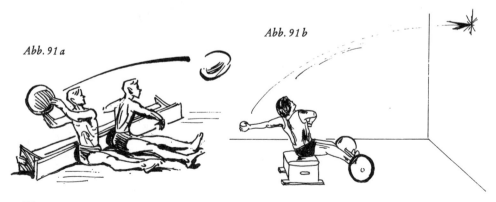

Abb. 91 a

Abb. 91 b

3. Nachahmung der Abwurfbewegung mit einem Eisenring *(Abb. 92)*.

Abb. 92

4. Medizinballwürfe aus dem Kniestand, beidhändig über den Kopf. Der Abstand von der Wand soll so gewählt werden, daß der Übende zum Holen des Balles nicht aufstehen muß *(Abb. 93)*.

Abb. 93

5. Medizinballschockwürfe. Der Übende achtet beim Abwurf auf eine explosive Beinstreckung *(Abb. 94)*.
6. Medizinballwürfe rückwärts über den Kopf. Diese Würfe können, wie alle Medizinballwürfe, auch von den Wänden aus zur Hallenmitte aus-

Abb. 94

geführt werden. Dabei ist es allerdings erforderlich, daß eine Aufsichtsperson das Kommando zum Zurückholen der Bälle gibt *(Abb. 95)*.

Abb. 95

e) *Übungsformen zur Steigerung der Beweglichkeit im Schultergürtel und in der Wirbelsäule*

1. Üben der Brücke aus dem Stand oder aus der Rückenlage *(Abb. 96).*

Abb. 96

2. Armrückfedern.
3. Armkreisen.
4. Armdehnung mit Partner: Zwei Schüler stehen Rücken an Rücken. Sie fassen ihre schräg nach oben-außen gestreckten Arme und ziehen den Partner über ihren Rücken.
5. Ein Schüler sitzt in der tiefen Hocke. Ein anderer steht hinter ihm und faßt seine gestreckten Arme. Auf Zuruf drückt sich der Sitzende in die Spannbeuge.
6. Ein Schüler sitzt im Strecksitz an der Wand. Er hat die Hände im Genick seines Partners, der sich tief über ihn beugt, verschränkt. Dessen Knie, mit den Händen geschützt, drückt kräftig auf die Brustwirbelsäule des Sitzenden.

B. Kugelstoß

a) *Übungsformen zur Verbesserung des Abstoßes*

1. Medizinballstoßen an die Wand *(Abb. 97):*
   Die Schüler stellen sich bei dieser Übung so nahe an die Hallenwand, daß sie von dem abprallenden Medizinball gleich wieder in die Stoßauslage gezogen werden.

Abb. 97

2. Zonenstoßen mit Medizinbällen *(Abb. 98)*.
3. Abstoßübungen (Standstöße) mit Eisenschrotkugeln[9]:
   Bei der Verwendung von Eisen- oder Bleischrotkugeln kann gestoßen werden:

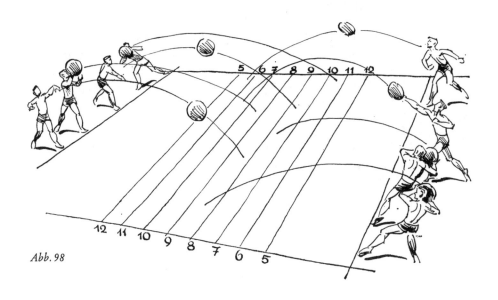

Abb. 98

---

[9] Eisen- oder Bleischrotkugeln sind im Fachhandel in folgenden Gewichten erhältlich: 1 kg, 1,5 kg, 2 kg, 2,5 kg, 3 kg, 4 kg, 5 kg, 6,25 kg, 7,25 kg.

a) an Hallenwände sofern sie aus Stein oder Beton sind,
b) auf den ungeschützten Hallenboden.

Beim Standstoß achten die Schüler abwechselnd auf folgende Bewegungskriterien:

Beugen des Standbeins in der Ausgangsstellung,
Streckung beider Beine beim Abstoß (kein Umsprung!!!),
Vordrücken von Brust und Hüfte beim Abstoß *(Abb. 99)*.

Abb. 99

4. Abstoßübungen aus dem Kniestand *(Abb. 100)*.

Auch bei dieser Übung kann, bei Verwendung von Gummikugeln, an die Wand oder zur Hallenmitte hin gestoßen werden. Mit ihrer Hilfe soll vor allem die explosive Beinstreckung geschult werden.

Abb. 100

5. Abstoßübung am Gummiseil (Zauberschnur, Fahrradschlauch, Deuserband) *(Abb. 101)*.

Abb. 101

b) *Übungsformen zur Schulung des Angleitens*

1. Gymnastische Bewegungsformen:
   Durchhinken der Halle in der Stoßlage unter Beachtung der richtigen Auftaktbewegung *(Abb. 102 a)*.

Abb. 102 a

Diese Bewegungsform läßt sich auch als Partnerübung durchführen *(Abb. 102 b)*.

Abb. 102 b

2. Kugel-„Twist": Das Angleiten endet bei dieser Übung jeweils mit einer starken Verwringung des Rumpfes. Die Schulterachse bleibt in der Ausgangsebene, die Hüftachse wird um annähernd 90° in die Stoßrichtung gedreht.
Bei allen diesen Übungen dient eine Kugel als Gerät. Sie wird jedoch nie abgestoßen.
3. Angleitübungen ohne Geräte.
4. Angleitübungen an der Zauberschnur.

c) *Übungsformen zur Verbesserung der Gesamtbewegung der Rückentechnik*

1. Medizinballstoßen aus dem Angleiten *(Abb. 103)*:

Der Medizinball wird während der Auftaktbewegung in die Hände genommen. Die Schüler führen ihn bis zum Abstoß mit beiden Händen.

Abb. 103

2. Kugelstoßen auf Matten.
3. Kugelstoßen in ein Auffangnetz.
4. Stoßen mit Gummikugeln an die Wand oder auf den Boden.

Gummikugeln sind im Handel in folgenden Gewichten zu erhalten: 1 kg — 1,5 kg — 2 kg — 2,5 kg — 3 kg — 4 kg — 5 kg — 6,25 kg — 7,5 kg.

Sie sind mit Eisenschrot gefüllt und können bedenkenlos an eine Steinwand oder auf den Boden gestoßen werden.

Wo diese Geräte vorhanden sind, erübrigen sich aufwendige Auffangvorrichtungen und das Üben mit Medizinbällen *(Abb. 104)*.

Abb. 104

III. KRAFTSCHULUNG

a) Übungsformen zur Verbesserung der Armkraft
1. Medizinballstoßen im Liegen auf der Bank *(Abb. 105)*.

Abb. 105

2. Medizinballstoßen, beidarmig im Sitzen an die Wand oder zum Partner *(Abb. 106)*.

Abb. 106

3. Beidhandwürfe mit dem Medizinball im Stand über den Kopf an die Wand oder zum Partner.
4. Kugelgymnastik.

Abb. 107   *Abb. 108*   *Abb. 109*

5. „Eimerheben" mit Kurzhanteln *(Abb. 107)*.
6. Übungsformen am Reck:
   Klimmzüge, Felgaufzüge, freie Felgen, statische Abzugübungen an der schrägen Reckstange.
7. Übungsformen mit Lang-Hanteln:
   Stoßen und Drücken verschiedener Gewichte in Fünferserien.
8. Doppelliegestütz *(Abb. 108)*, Handstanddrücken mit Partnerhilfe *(Abb. 109)*.
9. Liegestütze: als gesprungene Liegestütze, als Wechselstütze (Wechsel von engem und weitem Griff), als Wanderspringen, als Sprungübungen über Bälle *(Abb. 110)* u. a. m.
10. „Bankdrücken" mit einer Scheibenhantel oder einer Reckstange *(Abb. 111)*.

Abb. 110

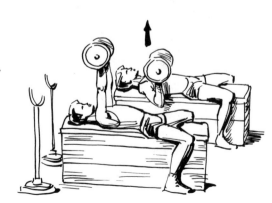

Abb. 111

11. Beugestütz am Barren aus dem Vorschwung, aus dem Rückschwung *(Abb. 112)* oder ohne Schwung.

Abb. 112

b) *Übungsformen zur Verbesserung der Rumpfkraft*

1. Reißen verschieden schwerer Hanteln.
2. Umsetzen verschiedener Hantelgewichte.
3. Aufrichten am Schrägbrett *(Abb. 113)*.

Abb. 113

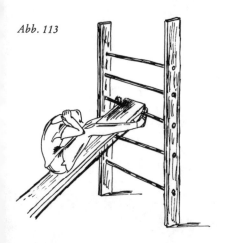

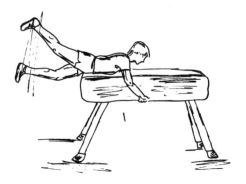

Abb. 114

4. Bauchschaukeln.
5. Beinpaddel in Bauchlage auf einem Pferd *(Abb. 114)*.
6. Hochschwingen der Beine an der Sprossenwand *(Abb. 115)*.

Abb. 115

c) *Übungsformen zur Verbesserung der Beinkraft*

1. Ausfallgehen mit Partnerbelastung.
2. Kniebeugen aus der leichten bis mittleren Hocke mit Partnerbelastung an Sprossenwänden oder Kletterstangen *(Abb. 116)*.

Abb. 116

3. Sprünge aus der leichten bis mittleren Hocke mit Sandsack- oder Hantelbelastung.
4. Sprünge in der Kugelstoßauslage mit Anziehen des Sprungbeines bis zur Brust. Als Gewichte dienen Kugeln oder Gewichtswesten.
5. Isometrische Streckübungen am Spannreck *(Abb. 117)*.

Abb. 117

Wurfschulung in der Halle:
Die Drehwürfe: Schleuderball- und Diskuswurf

I. SPIELFORMEN

a) Kleine Spiel- und Übungsformen zur Entwicklung der Wurfkraft

1. „Fang den Bock" mit Gymnastikreifen:

    Die Schüler versuchen, von einer kreisförmigen Abwurflinie aus, mit ihrem Gymnastikreifen einen Turnbock zu treffen *(Abb. 118).*

Abb. 118

2. „Kreistreffen" mit Gymnastikreifen oder Tennisringen:

    Mehrere Mannschaften mit verschieden gekennzeichneten Gymnastikreifen (Bänderwicklung) sollen mit ihren Wurfgeräten den Mittelkreis der Halle treffen *(Abb. 119).*

3. „Kreistreffen" mit Gummidisken:

    Die Schüler erlernen dabei das richtige Halten und das Abrollen des Diskus über den Zeigefinger.

Abb. 119

b) *Kleine Spiel- und Übungsformen zur Entwicklung der Wurfgeschicklichkeit*
1. „Ring über die Schnur":

   Je nach Größe der Halle kann dieses Spiel, das dem „Ball über die Schnur" entspricht, auf zwei oder vier Feldern gespielt werden. In welchem Feld liegen nach einer Minute die wenigsten Reifen?

Abb. 120

2. Ringtennisturnier:
   Ein Ringtennisturnier macht schon Viertkläßlern viel Freude und ist in einer Unterrichtsstunde recht gut zu bewältigen, da man in den meisten Hallen auf vier Feldern zu je drei bis vier Personen spielen kann *(Abb. 120)*.

3. Ringtennisstaffeln:
   Jede Mannschaft hat einen Außenmann. Er wirft seinen Staffelkameraden einen Tennisring zu. Damit der folgende Schüler den Reifen fangen und zurückwerfen kann, muß sich jeder, der geworfen hat, sofort in die Hocke ducken. Wenn die ganze Mannschaft kauert, stellt sich der außen spielende Schüler schnell hinten an und der vorn sitzende wird neuer Außenmann *(Abb. 121)*.

Abb. 121

4. Spielerische Übungsformen mit Tennisringen (Einzelübungen):
   Hochwerfen — fangen, rollen — nachlaufen, wegwerfen — nachlaufen.

5. Partnerübungen mit Tennisringen:
   Werfen — fangen; zurollen — zurückwerfen; zurollen — darüberspringen.

6. Teufelstanz

II. ÜBUNGSFORMEN

Diskus- und Schleuderballwurf

a) Übungsformen zur Schulung des Abwurfes

1. Weitwerfen mit Tennisringen oder kurz gefaßten Schleuderbällen *(Abb. 122)*.

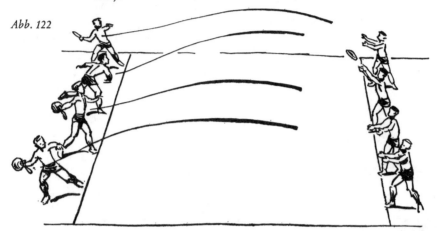

Abb. 122

Wenn die Halle klein ist, empfiehlt es sich, abweichend von der Organisationsform in *Abbildung 122* nur von einer Seite oder an eine Wand zu werfen.

2. Weitwerfen aus dem Angehen im Dreierrhythmus *(Abb. 123)*.
3. Zielwürfe:

Zum Zielwerfen können ebenfalls Tennisringe und kurz gefaßte Schleuderbälle verwendet werden. Auch leichte Sandsäckchen eignen sich *(Abb. 124)*.

Abb. 123

Abb. 124

4. Zuwerfen von Tennisringen als Partnerübung.
5. Standwürfe an die Wand mit Wurfbällen (1 kg, 1,5 kg, 2,0 kg, 2,5 kg oder 3,0 kg) oder kurzgefaßten Schleuderbällen.

   Die Schüler achten dabei abwechselnd
   — auf eine exakte Beugung des Standbeins in der Wurfauslage,
   — auf eine explosive Beinstreckung beim Abwurf,
   — auf ein energisches Vordrücken von Brust und Hüfte beim Abwurf (Abb. 125).

Abb. 125

6. Abwurfübungen aus dem Sitz *(Abb. 126 a/b)*.

Abb. 126 a *Abb. 126 b*

b) *Übungsformen zur Erarbeitung und Verbesserung der Drehung*

1. Wanderdrehen mit Schleuderbällen oder Eisenringen:
   „Wem gelingt es, in gerader Linie quer durch die Halle zu drehen?" Abgeworfen wird bei dieser Übung nicht.

2. Gymnastische Formen des Drehens mit einem Eisenring:
   Schwingen und drehen: Rückschwung nach schräg unten, Vorschwung mit weiträumiger Drehung (Raumgewinn etwa 1,50 Meter), Bremsschwung zur linken Hand (bei Rechtshändern), Neubeginn ... *(Abb. 127)*.

3. Drehschwünge und Drehsprünge ohne Gerät.

Abb. 127

c) *Übungsformen zur Verbesserung der Gesamtbewegung des Schleuderball- und des Diskuswurfes*

1. Schleuderballwerfen:
   Alle Schüler werfen von einer Abwurflinie an der Stirnseite der Halle aus ab. Diese Übungsform ist natürlich nur durchführbar, wenn die Schülerzahl nicht allzugroß ist und wenn die Scheiben der Turnhalle aus bruchsicherem Glas bestehen oder mit Netzen abgesichert sind.

2. Diskuswerfen:

Ein Üben der Verbindung von Drehung und Abwurf ist möglich, wenn als Wurfgerät kurzgefaßte Schleuderbälle, leichte Sandsäckchen, Gummikugeln oder Gummidisken verwendet werden. Dabei empfiehlt es sich, möglichst an eine Wand zu werfen. Eine Aufsicht, die das Zurückholen der Geräte koordiniert, ist unerläßlich.

Auch mit Disken kann geübt werden. Sie müssen jedoch entweder mit Handschlaufen versehen oder durch Wurfsäckchen abgesichert werden.

Abb. 128

Sollten die Geräte nach dem Abzug dann einmal den Händen der Schüler entgleiten, so werden sie durch die beschriebenen Vorrichtungen festgehalten *(Abb. 129/130)*.

Abb. 129   Abb. 130

III. KRAFTSCHULUNG

a) Übungsformen zur Entwicklung der Arm- und Rumpfkraft
1. Abwurf- oder Abstoßübungen mit Medizinbällen:
aus dem Stand *(Abb. 131)*,

Abb. 131

aus dem Knien *(Abb. 132)*,

Abb. 132

aus dem Sitzen *(Abb. 133)*.

Abb. 133

Abb. 134

2. Abwurfübungen an der Gummischnur *(Abb. 135)*.

Abb. 135

3. Adler-Schwünge mit Hantelscheiben oder Kurzhanteln *(Abb. 136/137)*.
4. Liegestütz mit sehr breitem Griff.

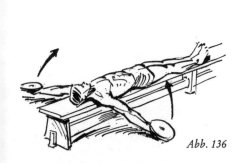

Abb. 136

Abb. 137

5. Isometrische Abzugübungen an der Reckstange, gegen Partnerwiderstand, oder in der Türfüllung *(Abb. 138)*.

Abb. 138

6. Gewichtheben in verschiedenen Formen.
7. Rumpfdrehen ohne und mit Belastung *(Abb. 139, 140)*.

Abb. 139

Abb. 140

Abb. 141

8. Schwingen eines Rundgewichts (7,5 kg, 10 kg)
   — beidhändig *(Abb. 141)*
   — einhändig *(Abb. 142)*

Abb. 142

b) Übungsformen zur Entwicklung der Beinkraft
1. Sprünge mit verschieden großer Hantel-, Sandsack- oder Partnerbelastung:
   als Sprünge aus der mittleren Hocke,
   als Hopsersprünge,
   als Hocksprünge,
   als Ausfallsprünge.

Abb. 143

2. **Kniebeugen mit Belastung durch Langbänke** *(Abb. 143/144)*.

Abb. 144

3. **Kniebeugen, einbeinig** *(Abb. 145)*.

Abb. 145

Schlußbemerkungen

In dem vorliegenden Büchlein wurde der Versuch unternommen, Möglichkeiten für eine Schulung leichtathletischer Disziplinen in der Halle aufzuzeigen. Dabei ließen wir den Gesichtspunkt einer methodischen Erarbeitung der einzelnen Bewegungsformen bewußt außer acht. Ihm wurde in unseren Lehrprogrammen bereits ausreichend Rechnung getragen.

Wer das Büchlein richtig verwenden will, muß daher aus der Vielzahl der aufgezeigten Formen diejenigen auswählen, die für die jeweilige Altersstufe, den Ausbildungsstand und die Individualität der Übenden passend sind. Außerdem müssen die Übungsvorschläge der jeweiligen Raumgröße und den vorhandenen Geräten angepaßt werden.

Einige Übungs- und Organisationsformen eignen sich nur für den Unterricht in Neigungsgruppen oder das Training im Verein. Die meisten sind jedoch auch im obligatorischen Unterricht der Schule gut zu verwenden und können das Übungsangebot zum Nutzen der Leichtathletik bereichern.

Literatur

Bücher:

Bernhard, G., „Das Training des jugendlichen Leichtathleten", Teil I „Sprungtraining", Schorndorf 1977.
Jonath, U./Kirsch, A./Schmidt, P., „Das Training des jugendlichen Leichtathleten", Teil III „Lauftraining", Schorndorf 1979.
Kerkmann, K., „Wir spielen in der Grundschule", Schorndorf 1979.
Kirsch, A., „Jugendleichtathletik", 4. Auflage, Berlin 1971.
Kirsch-Koch, „Methodische Übungsreihen in der Leichtathletik", Teil 2, „Erweiterte Grundausbildung im Verein und in den Neigungsgruppen der Schule", Schorndorf 1980.
Koch, K., „Bewegungsschulung an Gerätebahnen", Schorndorf 1980.
Koch, K., „Methodische Übungsreihen in der Leichtathletik", Teil 1, „Grundausbildung im obligatorischen Unterricht der Schule", Schorndorf 1979.
Kreidler, H. D., „Konditionsschulung durch Spiele", Schorndorf 1981.
Kruber, D., „Die Sportstunde, 1984.
Nett, T., „Das Übungs- und Trainingsbuch der Leichtathletik", Bände 1 bis 6, Berlin 1960 bis 1964.
Nett, T., „Kraftübungen zur Konditionsarbeit", Berlin, München, Frankfurt 1965.
Schmolinsky, G., „Leichtathletik", Berlin 1978.
Tschiene, P./Abraham, G., „Das Training des jugendlichen Leichtathleten", Teil II Stoß- und Wurftraining", Schorndorf 1979.

Lehr- und Arbeitsmittel/Medien

Konditionsschulung

Kruber, D./Fuchs, E., Arbeitskarten für den Sportunterricht: Allgemeine Konditionsschulung, Teil 1, 3. Auflage, Schorndorf 1979; Teil 2, 3. Auflage, Schorndorf 1981.
Kruber, D./Cords, J./Biringer, W., Arbeitskarten für den Sportunterricht: Allgemeine Bewegungsschulung in der Grundschule, 2. Auflage, Schorndorf 1984.
Kruber, D./Fuchs, E., Arbeitskarten für den Sportunterricht: Technik- und Konditionsschulung Leichtathletik, Schorndorf 1979.

Technikschulung

Kruber, D./Fuchs, E., Programmiertes Lehren und Lernen im Sport — Weitsprung, Dreisprung, 2. Auflage, Schorndorf 1978 (Lehrerbegleitbuch und Programmheft).
Kruber, D./Fuchs, E./Cords, J., Programmiertes Lehren und Lernen im Sport — Flop, Straddle, Stabhochsprung, 2. Auflage, Schorndorf 1979 (Lehrerbegleitbuch und Programmheft).

Kruber, D. / Fuchs, E., Programmiertes Lehren und Lernen im Sport — Kugelstoß, Ballwurf, Speerwurf, Diskuswurf, Schorndorf 1978 (Lehrerbegleitbuch und Programmheft).
Kruber, D./ Fuchs, E., Programmiertes Lehren und Lernen im Sport — Start, Hürdenlauf, Schorndorf 1981 (Lehrerbegleitbuch und Programmheft).

Beiträge in Zeitschriften:

Lauf:

Bues-Schön, „Der Tiefstart bei Kindern und Jugendlichen", in „Die Lehre der Leichtathletik", Berlin 1959/47.
Bues, M., „Der fliegende Wechsel", in „Körpererziehung", Berlin 1954/4.
Bremer, H., „Der Hürdenlauf in den Bundesjugendspielen", in „Die Leibeserziehung", Schorndorf 1962/1.
Graßhoff, K., „Der Lauf im Turnunterricht", in „Körpererziehung", Berlin 1957/7/8.
Häusler, W., „Hürdenlauf", in „Lehrbogen für Leibesübungen", Wolfenbüttel, 7. Jg./78.
Häusler, W., „Der Hindernislauf", in „Die Lehre der Leichtathletik", Berlin 1961/1.
Heuser, I., „Übung von Start und Staffelwechsel einmal anders", in „Die Leibeserziehung", Schorndorf 1959/6.
Hollmann, Scholtzmethner u. a., „Untersuchungen zur Ausdauerverbesserung neun- bis elfjähriger Mädchen im Rahmen des Schulsonderturnens" in „Die Leibeserziehung, Schorndorf 1967/10.
Jonath, U., „Zum Üben der Technik im Hindernislauf", in „Die Lehre der Leichtathletik, Berlin 1965/4.
Kirsch-Lauer, „Zum Hürdenlauf der Jugend", in „Die Lehre der Leichtathletik", Berlin 1966/38/39.
Kirsch-Hagedorn u. a., „Erste bis dritte Einführung in die leichtathletischen Übungen der Bundesjugendspiele", in „Die Lehre der Leichtathletik", Berlin 1959/16, 1960/13, 1961/17.
Koch, K., „Zur kindgemäßen Rhythmusschulung an Kinderhürden", in „Die Lehre der Leichtathletik, Berlin 1961/26.
Koch, K., „Fliegender Wechsel und Pendelstaffel in einer Übungskombination" in „Leibesübungen", Frankfurt 1962/8.
Kruber, D., „Anregungen zum Üben und Trainieren mit Jugendlichen im Winterhalbjahr", in „Die Lehre der Leichtathletik", Berlin 1964/49.
Kruber, D., „Hilfsgeräte für die Halle", in „Die Lehre der Leichtathletik, Berlin 1967/40.
Lohmann, W., „Spiele und Wettkampfformen zur Entwicklung der läuferischen Fähigkeiten", in „Körpererziehung", Berlin 1964/8/9.
Reinhold, E., „Zur Methodik des Hürdenlaufs bei 10- bis 16jährigen Schülern", in „Die Lehre der Leichtathletik", Berlin 1964/5.
Röthig, P., „Zur Methodik des Starts", in „Die Leibeserziehung", Schorndorf 1959/9.
Werner, M., „Vom Seilchensprung zum Hürdenlauf", in „Die Leibeserziehung", Schorndorf 1961/11.

Sprung:

Bernhard, G., „Dreisprunglehre in Kurzform", in „Die Lehre der Leichtathletik", Berlin 1965/21.
Bernhard, G., „Lehrbrief Weitsprung", in „Die Lehre der Leichtathletik", Berlin 1965/23.
Bobkin, A., „Auch die Jugendlichen können dreispringen!", in „Die Lehre der Leichtathletik", Berlin 1965/15.
Bues, M., „Der Hochsprung in der Schule", in „Körpererziehung", Berlin 1955/8.
Götze, H., „Der Schuljugend den Wälzer lehren", in „Der Leichtathletiktrainer", 1961/31.
Häusler, W., „Rollsprung und Tauchwälzer", in „Lehrbogen für Leibesübungen", Wolfenbüttel, 1960/7.
Häusler, W., „Dreisprung und Stabhochsprung", in „Lehrbogen für Leibesübungen", Wolfenbüttel 1962/29.
Joch, W., „Die Flugphase im Weitsprung" in „Die Lehre der Leichtathletik", Berlin 1968/4.
Kerkmann, Klaus, „Ein Weg zum Fosbury-Flop für Schüler", in „Die Lehre der Leichtathletik", Berlin 1969/28.
Kerssenbrock, K., „Zur methodischen Schulung des Hochspringers", in „Die Lehre der Leichtathletik", Berlin 1959/25/26.
Kleinen, H., „Das winterliche Konditionstraining des Dreispringers", in „Die Lehre der Leichtathletik", Berlin 1964/4.
Koch, K., „Zielgerichtete Übungsformen im Weitsprung", in „Leibesübungen-Leibeserziehung", Wien 1961/7.
Koch, K., „Sprungschulung in der Unterstufe", in „Die Leibeserziehung", Schorndorf 1961/7.
Koch, K., „Zielgerichtete Übungsformen für den Weitsprung", in „Die Lehre der Leichtathletik", Berlin 1965/4.
Kruber, D., „Hilfsgeräte für die Halle", in „Die Lehre der Leichtathletik", Berlin 1967/40.
Meyer, W., „Stabhochsprung — Methodik für Schule und Verein", in „Die Lehre der Leichtathletik", Berlin 1961/27.
Müller, E., „Stabhochsprung im Schüler- und Jugendalter", in „Die Leibeserziehung", Schorndorf 1961/8/9.
Nett, T., „Spezielle Kraftübungen für den Stabhochspringer", in „Die Lehre der Leichtathletik", Berlin 1965/1.
Prihoda, Z., „Meine Methode des Stabhochsprunges", in „Die Lehre der Leichtathletik", Berlin 1966/15.
Schmidt-Schubert, „Stabhochspringen in der Schule", in „Die Leibeserziehung", Schorndorf 1967/4.
Silge, H.: „Neue Wege zur Hochsprungtechnik des Fosbury-Flop" in „Die Leibeserziehung" 1973, Lehrhilfen S. 77.
Söll, W., „Anregungen zum Üben des Weit- und Hochsprunges in der Halle", in „Die Leibeserziehung", Schorndorf 1967/7.
Wurfer, E., „Stabhochsprungmethode in drei Stufen", in „Die Lehre der Leichtathletik, Berlin 1965/17/18.

Wurf:

Bauersfeld, K. H., „Die Technik des Kugelstoßens", in „Der Leichtathletiktrainer", 1960/37/38.
Häusler-Koch, „Vom Schlagball- zum Speerwurf", in „Lehrbogen für Leibesübungen", Wolfenbüttel 1962/30.

Jabs, R., „In 12 Wochen mache ich mit", in „Die Lehre der Leichtathletik", Berlin 1961/12/13.
Koch, K., „Zur Lehrweise des Kugelstoßens im 10. bis 12./13. Lebensjahr", in „Leibesübungen-Leibeserziehung, Wien 1961/5.
Koch, K., „Über vielseitige Wurf- und Stoßschulung zur sportlichen Form", in „Leibesübungen", Frankfurt 1961/9.
Kruber, D., „Hilfsgeräte für die Halle", in „Die Lehre der Leichtathletik", Berlin 1967/40.
Meyer, W., „Grundschulung des Speerwurfs", in „Die Leibeserziehung", Schorndorf 1965/6.
Nett, T., „Spezielle Kraftübungen für Diskuswerfer und -werferinnen", in „Die Lehre der Leichtathletik", Berlin 1965/6.
Nett, T., „Spezielle Dehn- und Kraftübungen für Speerwerfer und -werferinnen", in „Die Lehre der Leichtathletik", Berlin 1965/8.
Nett, T., „Spezielle Kraftübungen für Hammerwerfer", in „Die Lehre der Leichtathletik", Berlin 1965/7.
Rittweger, M., „Hammerwerfen für 12- bis 14jährige", in „Der Leichtathletiktrainer", 1965/21/22.
Schmidt, F., „Frühzeitige Schulung in den Wurfdisziplinen" in „Die Lehre der Leichtathletik", Berlin 1961/3.
Tschiene, P., „Das Erlernen der Abwurfphase beim Hammerwurf", in „Die Lehre der Leichtathletik", Berlin 1965/16.
Tschiene, P., „Stoßen und Werfen im Schüleralter", in „Die Lehre der Leichtathletik", Berlin 1965/28.
Tschiene, P., „Frühzeitiger Beginn im Hammerwurf", in „Die Lehre der Leichtathletik", Berlin 1961/45.
Tschiene, P., „Konditionsarbeit jugendlicher Hammerwerfer", in „Die Lehre der Leichtathletik, Berlin 1962/1/2.
Wahl, E., „Der Schleuderballwurf", in „Die Leibeserziehung", Schorndorf 1966/8.
Werner, M., „Eine methodische Übungsreihe für den Schleuderballwurf", in „Die Leibeserziehung", Schorndorf 1965/6.

(„Die Lehre der Leichtathletik" erscheint als Lehrbeilage zu der Zeitschrift „Leichtathletik" in Berlin.)

Anschrift des Verfassers:

Prof. Dr. Dieter Kruber
Thüringenstraße 1
66482 Zweibrücken

Kurt Murer (Red.)   8., unveränderte Auflage 1994

1003 Spiel- und Übungsformen in der Leichtathletik

In 10 Kapiteln wird eine Vielfalt von Leichtathletikübungen für Halle und Training im Freien zusammengefaßt. Spielformen für Lauf, Sprung, Wurf, ebenso spielerische Konditionstrainings- und Wettkampfformen, welche Lehrer und Trainer zu abwechslungsreichem und lustbetontem Training anregen können, sind in diesem Band enthalten.

Mit großem Anhang Leichtathletik in der Schule

1981. DIN A 5 quer, 284 Seiten, ISBN 3-7780-6238-7 (Bestellnummer 6238)

 Verlag Karl Hofmann • 73603 Schorndorf
Postfach 1360 • Telefon (0 71 81) 402 -125 • Telefax (0 71 81) 402 -111

Funktionelle Gymnastik
Was? Wie? Warum?

Barbara Oettinger
Thomas Oettinger

Ein Ratgeber für Trainer, Übungsleiter und Sportler

1995. Format 17 x 24 cm,
176 Seiten,
ISBN 3-7780-3020-5
(Bestellnummer 3020)

Die Grundlage jeder sportlichen Betätigung ist eine vernünftige Vorbereitung des Körpers, um Verletzungen zu vermeiden, und um dann auch wirklich Freude an der Bewegung zu empfinden. (Aufwärm-)Gymnastik fördert dabei Kraft, Beweglichkeit, Ausdauer und Koordination und bereitet in idealer Weise auf das eigentliche Training vor. Das Buch stellt Grundlagen, Aufbau und Durchführung einer funktionellen Gymnastik in umfassender, dennoch straffer und gut lesbarer Form vor. Die Übungen aus den Bereichen Mobilisation, Aufwärmen, Kräftigung, Dehnung und Kreislauftraining sind nach den wesentlichen Muskel- und Gelenkgruppen übersichtlich gegliedert und nachvollziehbar erklärt. Parallel finden sich jeweils Hinweise auf die wichtigsten und leider allzu häufigen Fehler sowie Verbesserungsvorschläge.

 Verlag Karl Hofmann • 73603 Schorndorf
Postfach 1360 • Telefon (0 71 81) 402 -125 • Telefax (0 71 81) 402 -111